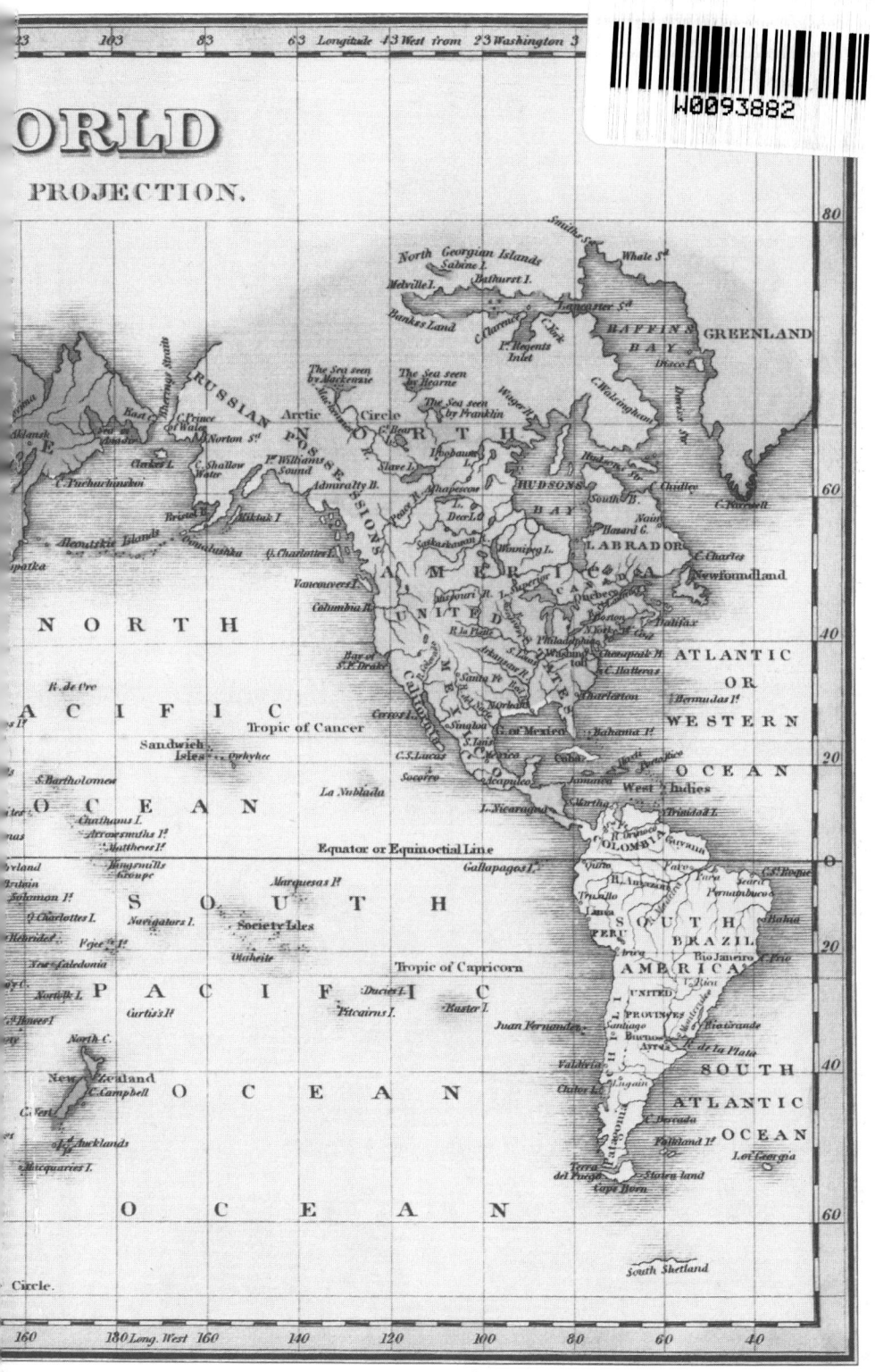

Rolf Vollmann
Reise um die Welt

Rolf Vollmann

Reise um die Welt

Briefe an die Kinder daheim

Carl Hanser Verlag

Die Weltkarte auf dem Vor- und Nachsatz dieses Buches
stammt aus dem Jahr 1826. Fünf Jahre später brach
Charles Darwin, dem Rolf Vollmann nachgereist ist,
zu seiner berühmten Forschungsreise auf.
Der Abdruck der Karte erfolgt mit freundlicher Genehmigung
der Michael Maslan Historic Photographs/CORBIS/Picture Press.

Die Schreibweise in diesem Buch entspricht
den Regeln der neuen Rechtschreibung.

Unser gesamtes lieferbares Programm und viele
andere Informationen finden Sie unter
www.hanser.de

1   2   3   4   5   06   05   04   03   02

ISBN 3-446-20124-6
© Carl Hanser Verlag München Wien 2002
Umschlag und Kapitelvignetten: Wolf Erlbruch
Satz: Satz für Satz. Barbara Reischmann, Leutkirch
Druck und Bindung:
Franz Spiegel Buch GmbH, Ulm
Printed in Germany

Die Wahrheit ist sozusagen
über die ganze Welt verteilt,
und wenn man nach ihr sucht,
muss man reisen.

Zuvor
Wer wie was – wieso weshalb warum?

Die Reise, die ich hier beschreibe, hat drei Monate gedauert, und ich habe sie aus Neugier und zur Vorbereitung gemacht. Ich wollte nämlich ein Buch über Darwin schreiben. Ich schreibe gern Bücher.

Darwin war ein englischer Naturforscher, der im vorletzten Jahrhundert lebte, lange Zeit gründlich Steine, Pflanzen und Tiere erforschte und dann die Idee in die Welt setzte, dass die Landschaften, Pflanzen und Tiere, die wir heute um uns herum kennen, in der sehr sehr langen Geschichte der Erde erst ganz allmählich so geworden sind, wie wir sie heute sehen, und dass sie sich nach Gesetzen entwickelt haben, die so langsam wirken, dass man in der kurzen Geschichte der naturbeobachtenden Menschen davon noch gar nichts gemerkt hatte.

Andererseits aber, sagte Darwin weiter, haben die Landschaften, Pflanzen und Tiere sich nicht überall auf der Erde in der gleichen Weise und gleich schnell entwickelt; so kann man in manchen weit entfernten Gegenden Dinge sehen, die es anderswo längst nicht mehr gibt, die aber von Urzeiten her verwandt sind mit den Dingen, die es heute anderswo gibt.

Wenn man also mehr von der Welt sieht als das, was man sieht, wenn man bleibt, wo man ist – wenn man also ein bisschen herumreist in entfernteren Gegenden, dann verändert sich der Blick, den man auf die Welt wirft, und die Idee, dass Landschaften, Pflanzen und Tiere erst ganz allmählich das geworden sind, was wir heute kennen, ist nicht mehr bloß eine Idee im Kopf, sondern wird zu einer Geschichte, die man tatsächlich sehen kann. Die Wahrheit ist sozusagen über die ganze Welt verteilt, und wenn man nach ihr sucht, muss man reisen.

Über all das waren Darwins Zeitgenossen ziemlich empört. Und ich wollte nun gern genau wissen, warum sie das eigentlich waren, und vor allem wollte ich wissen, wie es gekommen war, dass ein Mann wie Darwin, ein einzelner Mann, mit einem Mal diesen ganz veränderten Blick auf die Welt werfen konnte. Dazu, dachte ich, muss ich mir seinen Lebenslauf anschauen.

Charles Robert Darwin wurde 1809 in Shrewsbury geboren, einer kleinen Stadt im Westen Englands. Sein Vater war dort Arzt, sein Großvater war auch Arzt gewesen. Nach der Schule begann der junge Darwin deshalb Medizin zu studieren. Das gefiel ihm aber nicht, und so versuchte er es zwei Jahre später mit Theologie, um vielleicht Pfarrer zu werden. Er kümmerte sich auch ganz fleißig um Gott und die Bibel, wirklich mit Eifer war er aber allmählich immer nur noch dabei, wenn er Käfer sammeln, in Steinbrüchen herumklettern oder sich mit Naturforschern unterhalten konnte.

Das gab seinen Professoren bald zu denken.

Im Jahre 1831, Darwin war damals 22 Jahre alt, rüstete der englische Staat ein kleines Segelschiff aus, das auf der südlichen Erdhalbkugel, besonders aber im Süden von Südamerika, Gegenden vermessen und untersuchen sollte, die in Europa noch wenig bekannt waren. Ein Platz auf diesem Schiff sollte dabei für einen jungen Naturforscher bestimmt sein, der auf eigene Kosten mitfahren und auf eigene Faust seine Studien treiben dürfte.

Einige Professoren wurden gebeten, einen jungen Naturforscher für diese Reise vorzuschlagen, und sie einigten sich auf Darwin. Darwins Vater zögerte zwar, aber Darwin selber war sofort Feuer und Flamme. Wenn er da mitreisen könnte, schrieb er in einem Brief, würde sein ganzes Leben sich ändern. Er reiste dann wirklich mit und diese Reise dauerte fünf Jahre.

Als Darwin nach diesen fünf Jahren wieder nach England zurückkam, war er wirklich ein anderer geworden. Seine

Ideen über das allmähliche Sichverändern aller Naturdinge schrieb er zwar erst später auf, nach weiteren jahrelangen gründlichen Studien; ich glaube aber, dass er das, was er nach diesen Studien dann beweisen konnte, auf der langen Reise schon wirklich sehen gelernt hatte.

Das, was seinen Blick verändert hatte, war das Sehen dieser fremden Länder gewesen.

Deshalb bekam ich das Gefühl, auch dorthin fahren zu müssen, wenn ich Darwin richtig verstehen wollte.

Natürlich sind die Unterschiede gewaltig. Darwin hatte fünf Jahre Zeit, ich hatte drei Monate. Darwin fuhr mit dem Schiff, ich bin die weiten Strecken über die Meere und Kontinente geflogen, und überhaupt lagen fast einhundertfünfzig Jahre zwischen uns beiden – da müssen ja gewaltige Unterschiede sein, und schließlich war Darwin Darwin und ich bin bloß ich. Einfach nachahmen kann man die ja nicht, die man verstehen will.

Von den Gegenden, in denen Darwin war, habe ich mir also einige wenige ausgesucht. Zwei Ausnahmen sind dabei. Darwin war nicht auf dem kleinen Atoll bei Tahiti, nur auf Tahiti selber. Darwin hat ein Atoll im Indischen Ozean studiert, dorthin konnte ich nicht, und so habe ich dieses Atoll bei Tahiti gewählt, das, wie ich mir hatte erzählen lassen, dem im Indischen Ozean sehr ähnlich ist.

Darwin war auch nicht auf den Kanarischen Inseln. Die waren zwar eins seiner Traumziele, er hatte bei dem deutschen Naturforscher Alexander von Humboldt viel darüber gelesen (also auch er war schon auf den Spuren eines anderen, wie ich auf seinen!) – aber als sein Schiff dort ankam, herrschte auf Teneriffa die Cholera, und sie mussten weitersegeln. Ich fand, ich könnte dem damals etwas unglücklichen Darwin diesen Traum nachträglich erfüllen, und so habe ich mir auf diesen Inseln angeschaut, was er sich leider nicht hat anschauen können.

Aber auch in den Gegenden, in denen Darwin war, habe

ich ihn nicht darin nachahmen wollen, und schon gar nicht in dieser Reisebeschreibung, dass ich mir zum Anschauen nur das ausgesucht hätte, was er damals gesehen hat. Es bleibt natürlich nicht aus, und es soll ja auch gar nicht ausbleiben, dass man ein Land mit anderen Augen sieht, ob man Darwins wegen hinreist oder wegen irgendwelcher Geschäfte oder etwa als Tourist oder als Journalist. Wie die Welt aussieht, hängt sehr von den Augen ab.

Und dass ich das nun nicht vergesse: Ich habe dieses Buch nicht für den geschrieben, der die Welt zu kennen glaubt, sondern für die, die noch neugierig auf die Welt sind, für Kinder nämlich. Als Darwin von seiner großen Reise zurück war, hat er aus den Notizen, die er sich unterwegs gemacht hatte, ein wunderbares Buch über seine Reise geschrieben, ein Buch für Erwachsene.

Ich war, als ich losfuhr, in einer anderen Lage. Meine Kinder fanden es gemein, dass ich eine so lange Zeit wegbleiben wollte, und haben verlangt, ich müsse ihnen nun aber jedenfalls alles, was mir passieren würde, auf der Stelle in möglichst langen Briefen mitteilen. Das hat mir eingeleuchtet und so hab ich Folgendes eingepackt: Schreibpapier und einen Bleistift, Waschzeug, zwölf baumwollene Unterhosen, zwölf Taschentücher, zehn baumwollene Hemden, mit langen und mit kurzen Ärmeln, zehn Paar baumwollene Socken, drei baumwollene Hosen, ein Baumwolljackett, eine Lederjacke, Sandalen, ein Paar Schuhe und einen schönen, großen, stabilen Schirm, eine Reiseapotheke und viel Geld (mehr braucht man nicht, man muss mit leichtem Gepäck reisen, dann kommt man am weitesten) – und dann, an einem Apriltag, bin ich aufgebrochen und los ging die große Reise.

MAURITIUS

1. Brief

Der Wolkentag:
Über Europa, das Mittelmeer und Afrika
nach Mauritius · Die Wolken auf dem
Indischen Ozean · Über die Insel mit dem Regenbogen

Als wir vier Stunden lang ganz oben durch den Aprilnacht-himmel geflogen waren, über Deutschland, über Österreich, über Jugoslawien, über Griechenland und dann über das Mittelmeer, ist unser Riesenflugzeug in Kairo gelandet, wo Afrika anfängt, im Land Ägypten, wo der uralte Nil ins Meer fließt und seit tausenden von Jahren die Pyramiden stehn.

Es war halb zwei, draußen waren neunundzwanzig Grad Wärme, jedenfalls sagte der Kapitän das, im Flugzeug merkt man davon ja nichts. Und dem Kapitän glaubt man das natürlich. Nach einer Stunde sind wir gestartet und wieder zweieinhalb Stunden lang geflogen, nach Süden. Man sah die Sonne aufgehen und unten erschien ein unabsehbares braunes Land mit dunkelgrünen Wäldern.

Dann landeten wir in Khartoum, im Land Sudan, noch immer in Afrika, und noch immer am Nil, der aus dem Süden kommt und hier schon viel schmaler ist als in Ägypten, aber immer noch breiter als etwa der Neckar und der Goldersbach und der Inn bei Sils zusammen. Das war um fünf Uhr morgens und draußen waren wieder neunundzwanzig Grad Wärme.

Nach einer Stunde ging es weiter, und jetzt sind wir dreieinhalb Stunden lang geflogen, nach Süden und immer noch über Afrika. Der Kapitän hoffte, sagte er, dass wir den gewaltigen Berg Kilimandscharo sehen könnten, aber dann waren Wolken über dem Kilimandscharo und man sah bloß die Wolken. Und so kam – *der Wolkentag*.

Denn als das Flugzeug wieder hinuntergleitete (oder hinunterglitt, wer weiß das schon), lagen oder standen über Daressalam, im Land Tansania, am Ufer des Meers, Berge von weißen, grauen und fast schwarzen Wolken. Plötzlich stieß das Flugzeug dann durch eine Wolkenbank hindurch und man sah unter sich eine weite Meeresbucht und in der Bucht zehn, zwanzig, dreißig, vierzig Schiffe.

Dann mit einem Mal war alles wieder weg, das Flugzeug kreiste schräg durch neue Wolken, man hätte beinahe denken können, dass der Kapitän vor lauter Wolken den Flugplatz nicht finden würde. Aber dann hat er ihn doch noch gefunden, natürlich, und wir sind gelandet, in einem weiten flachen, noch heißeren Land, rundum mit nichts drauf als manchmal Sträuchern und ab und zu einem Baum.

In Daressalam mussten wir die Uhr eine Stunde weiterstellen. Denn wir waren zwar nach Süden, aber zugleich auch ein Stück nach Osten der Sonne entgegengeflogen, und nun war es hier schon eine Stunde früher hell geworden als dort, wo wir hergekommen waren.

Wieder nach einer Stunde sind wir aufgestiegen und weitergeflogen, drei Stunden lang, und jetzt über das große Meer, über den Indischen Ozean, nach Osten. Nach einer Weile tauchten unten die Komoren auf, kleine Inseln, dann die große Insel Madagaskar mit einem breiten braunen Fluss, der sich auf dem Weg zum Meer immer wieder verzweigte, wie zwei oder drei Flüsse aussah und Inseln und ganze Inselgruppen umfloss, bis er dann endlich den grünen Ozean fand.

Und dann, wieder über dem offenen Wasser, kamen unten die Wolken – wie weiße verstreute Gebirge aus Seifenschaum – mit spitzen Gipfeln, mit tiefen Tälern. Wenn man gedacht hätte, was man ja gut hätte denken können, dass nämlich unter jeder Wolke ein Stück Land wäre, dann hätte das ganze Meer, so weit man sehen konnte, voller kleiner Inseln sein müssen.

Einmal war so ein Wolkengebirge ganz dunkel, sodass ich wirklich dachte, das wären richtige Berge. Da stand aber über diesen Wolken, die wie Berge aussahen, eine große flache Wolkenbank, wie ein Baldachin oder ein Himmelssonnenschirm, und warf ihren eigenen riesigen Schatten auf das Wolkengebirge, das nun ganz dunkel geworden war.

Als wir am Ende der drei Stunden wieder langsam und leise hinabglitten, stand ein gewaltig großes weißes Wolkengebirge vor uns, und darunter musste nun wirklich eine Insel liegen, nämlich die Insel Mauritius.

Das Flugzeug fuhr schräg abwärts, die weißen Wolken kamen immer näher, und dann stieß die Spitze des Flugzeugs in die Wolken hinein, die riesigen Flügel des Flugzeugs schnitten sich durch die Wolken und man sah nichts.

In den weißen Wolken drin ist es ganz hell, vor den Augen flimmert es ein bisschen von dem vielen Licht, das von den Wolkennebeltröpfchen abprallt und in alle Richtungen geschleudert wird, man sieht gerade noch die Flugzeugflügelenden, sonst nichts.

Dann aber tauchten wieder Stücke von Meer und von Land auf, ganz nah plötzlich, weil die Wolken, durch die wir lange geflogen waren, sehr dicht über der Insel lagen, und dann landete das Flugzeug endlich auf der Insel, auf die ich gewollt hatte.

Wir waren der Sonne wieder weit entgegengeflogen, auf den Uhren war es erst halb drei, in der Wirklichkeit hier aber schon halb fünf nachmittags, es war sehr warm und sehr schwül und es regnete ein bisschen.

Nachdem wir ausgestiegen waren und nachdem die Leute, die alles kontrollieren, geguckt hatten, ob ich richtig gegen alles geimpft wäre und einen ordentlichen Pass hätte, hab ich Geld gewechselt und mir ein Taxi genommen und bin, über eine Stunde lang, durch sonderbare Ortschaften und fremdartige Gegenden hindurch über die Insel hinweg in mein Hotel am Meer gefahren, am Meer auf der andern Seite der Insel.

Zwischendurch war etwas Schönes, mit den Wolken noch einmal und so, dass ich denken konnte, die Insel wollte mich begrüßen: nämlich einer der allerschönsten Regenbogen an den Wolken über dem Land.

Ich war dann aber trotzdem so müde, dass ich im Hotel bestimmt umgefallen wäre, wenn sie da nicht eine Bar gehabt hätten, an der ich mich festhalten und trinken konnte, bis ich mir ganz sicher war, dass ich nun endlich nicht gleich wieder weiterfliegen musste, sondern mich einfach ins Bett legen und schlafen konnte, solange ich wollte.

2. Brief

Der Mondtag:
Schwierige Sprache · Im Wunderland
Der Mond · Das tanzende Garst

Die Leute hier sprechen eine Sorte von Französisch (Patois heißt das), wovon ich am Anfang überhaupt nichts verstehen konnte. Wenn mich zum Beispiel der Kellner fragte: Welche Zimmernummer haben Sie bitte?, hab ich geantwortet: Nein, ich möchte gern Senf. Und wenn er dann fragte: Wollen Sie ein Bier?, habe ich gesagt: Ja, hunderteins.

Allmählich verstehen wir uns aber gut. Bloß mit dem Rum hat es noch einmal gehapert. Ich sagte: Un Rum, er sagte: Hä? Ich sagte: Un Rüm, er sagte: Hä? Ich sagte: Un Ram, er sagte: Hä? Dann hab ich gesagt: Un Rom, und er hat mir einen gegeben.

Jetzt rede ich meistens englisch, das tun fast alle Leute hier, und ich rede ja mit fast allen.

Weil es hier so warm ist, gehen alle Leute den ganzen Tag im Badeanzug herum, also fast nackt, sodass man sie abends, wenn sie angezogen sind, kaum wiedererkennen kann. Mit der Wärme ist hier noch etwas Komisches: Man schwitzt dauernd so sehr, dass man, wenn man viel trinkt, fast überhaupt nie pinkeln muss.

Jetzt will ich aber wieder der Reihe nach erzählen. Erst hab ich mich im Hotel also ordentlich ausgeruht und dann, dann kam – *der Mondtag*, obwohl eigentlich Dienstag war.

Ich saß auf der Terrasse und schaute zu, wie die Sonne unterging, so ungefähr um sechs Uhr am Abend. Wahrscheinlich müsste man nicht dazusagen, dass das am Abend war, aber man weiß in so fremden Ländern ja nie. Die Sonne ging links im Meer unter, und im selben Augenblick sah man geradeaus, im Norden, über dem Meer, hoch oben am Himmel, den Mond, den guten alten. Das heißt, man sah nur einen Achtelmond ungefähr.

Und da sind mir nun zwei sehr sonderbare Sachen aufgefallen. Der Mond sah natürlich aus wie bei uns, sonst hätte ich ihn ja nicht erkannt: wie eine kleine Sichel also. Aber die Sichel stand nicht aufrecht, sodass man bloß eine Nase hätte hineinmalen müssen, um den Mann im Mond zu sehen; sondern die Mondsichel lag da wie ein Liegestuhl, als ob der runde Mond also nicht an der Seite leuchtete, sondern am unteren Rand. Nun kann es sein, dass es das auch bei uns gibt und dass mir das nur deshalb sonderbar vorkam, weil ich nicht bei uns war.

Die zweite sonderbare Sache war aber, dass der Mond so aussah, wie er bei uns aussieht, wenn er abnimmt, dass ich aber, vielleicht, weil ich so weit geflogen war, auf einmal das Gefühl hatte, dass hier der Mond trotzdem gerade dabei war, zuzunehmen und eben nicht abzunehmen, wie er bei uns hätte müssen, wenn er so aussieht.

Vielleicht, dachte ich, hab ich heimlich den Wunsch, einmal in einem Land zu sein, ganz weit weg, wo alles so anders ist, dass selbst der alte Mond, wenn man zu Hause denken würde, er nimmt ab, dort zunimmt. Vielleicht, dachte ich, hat Alice so etwas im Wunderland tatsächlich erlebt und es dann bloß nicht erzählt.

Aber als ich am nächsten Abend dann wieder den Mond anschaute, war ich wirklich wie im Wunderland. Denn obwohl er bei uns, so, wie er aussah, hätte kleiner geworden sein müssen, war er tatsächlich größer geworden. Ich war so erstaunt, dass ich mir erst einmal die Brille geputzt und sie dann vor Schreck andersherum auf die Nase gesetzt habe. Aber es war wirklich so: Der Mond hatte zugenommen.

Da hab ich dann erst richtig eine Vorstellung davon gekriegt, wie verrückt weit ich geflogen sein musste, um die Welt so zu sehen, als stände ich Kopf.

Und dann ist dieser Mond, wie ein Liegestuhl, ganz langsam herabgesunken, sodass man denken konnte, es müsste sehr bequem sein, so sanft aus dem Himmel auf die Erde gebracht zu werden.

Als ich mir das so richtig schön an der Bar vorgestellt hatte und noch einmal schauen wollte, ob der Mond nun irgendwo mitten im Indischen Ozean sacht gelandet wäre, fing es erst langsam, dann furchtbar zu regnen an, und nichts war mehr zu sehen, kein Mond und kein Stern.

Nach einer Weile traute ich mich wieder nach draußen, da hatte es aufgehört zu regnen, die Sterne waren wieder zu sehen, aber der Mond war nicht mehr da. Wahrscheinlich war der Mond aber nicht auf dem Meer gelandet, sondern einfach irgendwo auf der andern Seite der Welt aufgegangen, dort wo du wohnst.

Als ich gegessen hatte (das Essen war ganz abscheulich, das muss ich sagen, und seitdem esse ich auch nicht mehr im Hotel, sondern fahre immer ein Stück mit einem Taxi – da ist ein kleines Lokal, in dem ein Chinese kocht, und der Taxifahrer kommt dann und holt mich wieder ab), als ich also im Hotel zum letzten Mal gegessen hatte, kamen vier oder fünf Männer und fingen an, sehr hübsche und ziemlich laute Musik zu spielen, zum Zuhören, aber auch zum Tanzen.

Nun sind hier viele Kinder, und die meisten Eltern lassen ihre Kinder aufbleiben, solange sie wollen. Denn schließlich machen die Eltern Urlaub und das Insbettbringen der Kinder ist immer so schrecklich; und Eltern wollen alles Mögliche im Urlaub erleben, aber nichts Schreckliches. Und da tanzte dann ein kleines Mädchen mit fast so langen Haaren wie du, und es tanzte so, dass es wie ein kleines wildes Garst immer um alle andern Leute herumrannte.

Beinahe hätte ich gedacht, du wärst das, aber das konnte ja nun wirklich nicht sein, obwohl natürlich in einem Land, in dem der Mond so komische Sachen macht, alles möglich ist. Und ich hatte auch nur ganz wenig getrunken und hätte überhaupt nicht geschaukelt, wenn ich etwa mit der kleinen Wilden zusammen da um alle Leute herumgerannt wäre. Aber das habe ich natürlich auch nicht getan.

3. Brief

Der Wassertag:
Die Dodos · Der große Regen
Die Götter und die Feiertage · Der heilige See

Früher, als noch niemand diese Insel kannte, lebten hier die Dodos. Das waren ganz große Vögel, die keine Feinde kannten und vielleicht deshalb das Fliegen aufgegeben hatten. Sie watschelten überall auf der Insel herum, in den Wäldern, die damals noch nicht standen, und man könnte fast sagen, dass sie eigentlich die Menschen hier waren.

Dann kamen aber die wirklichen Menschen aus Europa und haben die Dodos, die ja nicht wegfliegen konnten und nur langsam watschelten und auch recht zutraulich waren, alle totgeschlagen. Jetzt gibt es seit dreihundert Jahren keinen einzigen Dodo mehr auf der Welt.

Ich finde die Geschichte von den Dodos auch zum Weinen. Man muss sie aber erzählen, damit die Dodos nicht ganz vergessen werden. Man könnte sich natürlich sagen, dass Gott, wenn er die Dodos gemacht haben sollte, sie sicher auch im Gedächtnis behält. Das wäre bequem, aber ich würde mich, wenn ich an die Dodos denke, auf Gottes Gedächtnis doch nicht allzu sehr verlassen. Ich finde es besser, wenn gerade die Kinder in ihren Köpfen aufbewahren, dass es einmal die friedlichen, schönen Dodos gegeben hat.

Als ich dachte, jetzt wäre es Zeit, die Insel zu erforschen, hab ich meinen Freund Jowaheer angerufen, der ist Taxifahrer und kam dann auch, aber mit ihm kam – *der Wassertag.*

Wir sind in die Hauptstadt der Insel gefahren, nach Port Louis, und da fing es ungeheuer zu regnen an, so ungeheuer, wie sich das die Europäerkinder überhaupt nicht vorstellen können, und so ungeheuer, dass die Europäereltern wahrscheinlich geschrien hätten: O Gottle, jetzt sauft unser Ländle ab!

Da sind mein Freund Jowaheer und ich dann essen gegangen, in ein Restaurant, das keine Fenster hatte, sodass wir nicht wussten, was draußen los war. Als wir gegessen hatten und weiterfahren wollten, sahen wir dann die Bescherung: Es hatte die ganze Zeit über genauso ungeheuer weitergeregnet, die Hauptstraßen der Stadt sahen wie Flüsse voll braunem Wasser aus, und als Jowaheer durch den Regen gegangen war und sein Auto geholt hatte, musste ich, als ich einsteigen wollte, über einen Bürgersteig gehen, auf dem Wasser entlangströmte, das bis zu den Knöcheln reichte, und dann ein Stück über die Straße, wo man bis über die Socken im Wasser stand.

Die Leute lachten alle, die kennen das ja, und sagten, da würden die Straßen endlich einmal so richtig sauber, und die großen Trinkwasserseen würden sich wieder ordentlich auffüllen, und außerdem sei der Regen gut für das Zuckerrohr, das hier überall angebaut wird.

Das war an einem Feiertag. Es gibt hier ungeheuer viele Feiertage, weil es hier so viele verschiedene Götter gibt, oder so viele verschiedene Arten, Gott zu verehren. Die Hindus haben einen Gott, die Moslems haben einen Gott (dieser Gott ist übrigens auch für meinen Freund Jowaheer zuständig), die Chinesen haben einen Gott, die Japaner haben einen Gott, und die Christen hier haben natürlich auch ihren Gott, an den sie schon immer gewöhnt sind.

Nun hat jeder Gott dafür gesorgt, dass seine Leute ein paar Feiertage haben, wie etwa Weihnachten und Fronleichnam bei uns, und wenn der eine Gott zum Beispiel fünf Feiertage im Jahr für seine Leute veranstaltet, dann kann man den Leuten, die einen anderen Gott haben, natürlich nicht verbieten, auch fünf Tage lang zu feiern. Und da die Götter offenbar vorher nichts verabredet hatten, feiern ihre Anhänger die Feste an ganz verschiedenen Tagen, und wenn es fünf Götter mit fünf Feiertagen gibt, kann man sich ja leicht ausrechnen, wie oft hier ein Feiertag ist.

An diesem Tag hatten die Hindus einen Feiertag. Wir sind weit ins Land hineingefahren, auf einer Hochebene, auf der es nichts gibt als Sträucher und Bäume und auf der auch keine Dörfer sind. Überall gingen Gruppen von Leuten mit langen, schönen Gewändern in allen Farben.

Dann kamen wir, mitten zwischen kleinen Hügeln, zu einem See, den man zunächst gar nicht sieht, weil er tief unten liegt, im Krater eines alten Vulkans. Der See, der Grand Bassin heißt, soll unheimlich tief sein; die Hauptsache an ihm ist aber, dass die Leute, die da mit ihren langen bunten Gewändern hinpilgerten, die Idee haben, dass sein Wasser heilig ist.

Und so kommen sie an diesem Tag hierher, stehen unten am Ufer des Sees, breiten kleine Tücher aus mit Opfergaben für ihren Gott, mit Kokosnussstücken, mit Bananenscheiben, dazu zünden sie Räucherstäbchen an, alles ohne viel Reden, sodass es ganz still am See ist, und dann gehen sie, in kleinen Gruppen oder in Familien, in den See hinein, sodass das Wasser ihre Füße ganz bedeckt, halten die Hände zusammengelegt vor das Gesicht und beten zu ihrem Gott.

Dann nehmen sie in Krügen etwas von dem heiligen Wasser mit und bringen das Wasser und die kleinen Opfergaben zu einem Tempelchen oben auf einem Hügel. Vor dem Tempelchen ziehen sie ihre Sandalen aus, dann gehen sie hinein und geben das Wasser und die Opfergaben einem Mann, der sie dann wahrscheinlich irgendwann an den Gott weitergibt, aber das sieht man natürlich nicht mehr.

Das ist aber auch nicht so wichtig, denn die Hauptsache an den Göttern ist ja nicht, dass man was von ihnen sieht, sondern dass man möglichst kräftig an sie glaubt. Wahrscheinlich ist das alles bloß ein Spiel, das sich die Menschen in uralten Zeiten ausgedacht haben. Aber ich muss sagen, dass sie an diesem Wassertag an diesem See das alte Spiel sehr schön gespielt haben.

Es wäre natürlich schlecht gewesen, wenn es dabei so geregnet hätte wie in Port Louis, weil man dann ja das heilige Wasser vom See unten und das Regenwasser von oben gar nicht hätte unterscheiden können. Da scheint dieser Gott dafür gesorgt zu haben, dass es am See nicht regnete. Das kann aber auch ein glücklicher Zufall gewesen sein.

4. Brief

Der Vogeltag:
Jowaheers Kinder · Die Spatzen
Der Sträucherfrüchtewald · Das mit der Königin
Die Schlucht · Die farbige Erde

Mein muselmanischer Freund Jowaheer, der jeden Tag fünfmal beten muss, besonders aber freitags, hat acht Kinder. Neulich wollte er um neun kommen und zwei Kinder mitbringen, stattdessen kam er um elf und brachte vier mit, aber das macht ja alles nichts. Zwei Jungen von ihm haben mir ihre Namen gesagt, einer heißt Twaher Ahmad, der andere Mohammad Assad. Alle vier sind sehr nett und lachen immer, wenn ich auf Englisch oder Französisch irgendwelche offenbar komischen Sachen sage. Wenn mich nicht alles täuscht, war das – *der Vogeltag*.

Denn die Spatzen hier im Hotel zum Beispiel (wenn es überhaupt Spatzen sind, ich kenne mich mit den Vögeln nicht so gut aus) – die Spatzen also, wenn es welche sind, sind so frech, dass sie einfach kreuz und quer durch den Frühstücksraum und den Speisesaal fliegen. Wenn man einen Augenblick dasitzt und sich nicht viel bewegt, kommt sofort ein Spatz, wenn es einer ist, setzt sich auf den Rand der Zuckerdose und frisst Zucker, weißen oder braunen, das ist diesen Spatzen offenbar einerlei. Und wenn man sich dann umschaut, sieht man auf jedem Tisch auf der Zuckerdose einen Spatzen sitzen, wenn es einer ist, und Zucker fressen.

Dabei, ich weiß aber nicht warum, fällt mir ein, dass ich einen reizenden Zimmerkameraden gekriegt habe, nämlich ein kleines Chamäleon. Manchmal sehe ich's, wenn es an den Wänden langhuscht, aber es versteckt sich immer schnell wieder. Ich betrachte es jetzt als meinen Gast und hoffe, dass es ab und zu was zu essen und zu trinken findet.

Mein Freund Jowaheer und die Hälfte seiner netten Kinder und ich sind dann in eine Gegend gefahren, die, so weit man auch guckt, voller Sträucher und Bäumchen steht; die Sträucher sind ungefähr so hoch wie Menschen, die Bäumchen eine Idee höher. Wir sind ausgestiegen, und es war ein Wetter, das die Europäerkinder sich ebenso wenig vorstellen können wie den ungeheuerlichen Regen und den verkehrt rummen Mond. Der Himmel war ganz mit niedrigen Wolken bedeckt, es war so warm, wie es bei uns fast niemals ist, ein winzig kleiner Wind wehte, und die Luft war so feucht, dass das Zuckerrohr sich bestimmt wieder sehr gefreut hat.

Da sind die Kinder in den Sträucherwald hineingegangen und haben Hände und Taschen voll mit Früchten angebracht, die ungefähr so groß wie Pflaumen sind, aber ganz rund wie kleine Äpfel, grün und manchmal rot, und die ziemlich lustig schmecken, saftig und ein bisschen säuerlich und schön erfrischend.

Wer weiß, welcher Gott die gemacht hat.

Nach dieser Stärkung haben Jowaheer und seine vier Kinder mich auf einen kleinen Weg unter Bäumchen hindurch auf einen Platz geführt, auf dem ein Kiosque steht. Der Weg geht bloß unter Bäumchen hindurch, weil neulich eine Königin hier entlanggegangen ist, und da haben sie die Sträucher vorher abgehackt, weil sie einer Königin, die außerdem früher einmal die Bestimmerin hier war, wohl nicht zumuten wollten, ihre schönen neuen Kleider zwischen so garstigen Sträuchern hindurchzuschlängeln. Vielleicht haben sie auch Angst gehabt, sie könnte sich ihren königlichen Magen mit diesen Früchten verderben.

Ein Kiosque, und davon gibt es hier sehr viele, ist eine kleine Stelle mit etwas erhöhtem Boden, so groß wie ein rundes Zimmer, mit einem runden, keglig-spitzen Dach aus

Bambus und getrockneten Blättern. Darunter kann man vor der Sonne und dem Regen Schutz finden und sich auf Bänken ausruhen.

Gleich hinter dem Kiosque ist ein Geländer, und hinter dem Geländer, ja, da ist eben nichts mehr, sonst brauchte da ja auch kein Geländer zu sein. Da geht es einfach hundert oder hundertfünfzig Meter in die Tiefe, auf der anderen Seite stehen dunkelgrüne Berge, rechts am Berg fällt ein Fluss ganz tief hinab in das Tal, und unten im Tal oder in der Schlucht, sollte man wohl besser sagen, ist eine dunkelgrüne Wildnis, so dicht, dass man sich nicht denken kann, dass es dort Wege für Menschen gibt.

Und über dem Fluss und der grünen Wildnis aus Sträuchern und Bäumen schwebten nun unablässig drei große weiße Vögel, in Kreisen und Schleifen, ganz langsam und ruhig, als gäbe es in dieser Schlucht und in ihrem Leben nichts anderes und nichts Schöneres als dieses langsame Fliegen.

Man sieht Vögel, wenn sie fliegen, nur ganz selten so von oben, nicht wahr? Und dann noch solche schönen großen weißen Vögel, über einer grünen Schlucht, in der lauter Geheimnisse sein können, die man nicht sieht, oder auch die herrlichsten Misten von Tieren, denen keiner sagt, dass sie endlich mal aufräumen sollen.

Ein Stück entfernt von dieser Stelle ist noch ein Wunder, wenn auch ein kleines. Da ist vor langer Zeit Asche aus einem Vulkan heruntergekommen und hat lauter kleine Hügel gebildet, zwischen denen das Regenwasser fließen kann. Und diese Hügel, auf denen nichts wächst, haben wunderbare Farben, ganz verschiedene: gelb, ocker, orange, rot, braun, blau, grün, schwarz. Es ist ein abenteuerlicher Weg hin zu dieser Stelle, etwa an Wasserfällen vorbei, wenn auch an kleinen, und zu allem Überfluss kann man auf den farbigen Hügelchen, die alle schön abgerundet sind durch die Zeit, das Wasser und den Wind, herrlich herumspringen und -hüpfen.

Da die Stelle in einem Tal ist, hätte man die Vögel, wenn welche geflogen wären, diesmal natürlich von unten fliegen sehen. Sie hatten sich aber, wenn sie's waren, in Bäume gesetzt und schwatzten bloß miteinander.

5. Brief

Der Gartentag:
Botanische Gärten · Pamplemousse
Die Welt vom Hügel · Die Welten machenden
kleinen Götter · Die Fische

Da ich mich von meinem Freund Jowaheer immerzu über die Insel fahren lasse, komme ich natürlich viel herum, das geht gar nicht anders, und so entstand neulich – *der Gartentag.*

Die Franzosen und die Engländer, die früher auf Mauritius die großen Bestimmer waren, liebten die vielen verschiedenen Bäume und Pflanzen und Blumen, die hier wachsen, wollten aber nicht immer so weite Wege zurücklegen, wenn sie zum Beispiel einen Baum sehen wollten, der am andern Ende der Insel stand. Da haben sie sich gesagt, dass es schön sein müsste und eben sehr bequem, wenn man einen großen Park anlegen könnte, in dem alle Bäume und Pflanzen und Blumen der Insel dicht beieinander stünden.

Durch solche Gedanken sind sie auf die Sache mit den botanischen Gärten gekommen, denke ich mir. Einer der allerschönsten der Welt ist hier in der Nähe, das ist der Königliche Botanische Garten von Pamplemousse. Er ist schon sehr alt, das sieht man an ganz gewaltigen Bäumen, die da stehen, mit so großen Stämmen, dass sich ein ganzer Kindergarten dahinter verstecken könnte, und mit Wurzeln, die sich über dem Boden so weit ausbreiten, dass man sehr gut Schule darauf halten könnte, jedenfalls mit der Zeit, denn am Anfang würden alle Kinder sich die Hälse verrenken nach den riesengroßen Schnecken, die an den Stämmen dieser Bäume wohnen.

Schlanke Palmen gibt es natürlich, dann Feigenbäume, Bambus, und überhaupt hunderte von Sachen, deren Namen ich erst noch lernen muss. Blitzschnelle Bäche schießen zwischen den Bäumen hindurch, dann kommt man wieder an stille Teiche mit Wasserblumen, deren Blätter rund sind und so groß, dass eine Familie gut daran essen könnte, wenn es angenehm wäre, beim Essen im Wasser zu sitzen.

Natürlich gibt es auch unzählige Vögel in diesem Garten, der noch das Schöne an sich hat, dass man überall auf dem Rasen herumgehen darf, auch unter die Bäume darf man sich einfach legen und tun, was einem einfällt. Die Leute, die diese Gärten angelegt haben, hatten offenbar nicht bloß Sinn für Pflanzen und Tiere, sondern auch für Menschen und besonders für Kinder.

Ein Stück weiter ist der Balfour Garden, der kleiner ist, aber auch zum Staunen schön, und an seinem Rand, ohne dass man vorher etwas davon ahnt, ist wieder so ein tiefes Tal, und als ich da stand, quakten unten mit tiefen Stimmen die Frösche.

Dann sind wir weitergefahren, auf die Hochebene, und zu einem Ort, der Curepipe heißt. Beim Ort ist noch einmal ein Hügel, und wenn man dort oben ist, sieht man, dass dieser Hügel ein alter Vulkan sein muss: Man steht da oben nämlich am Rand eines riesenweiten runden Kraters, der so tief ist, dass man auf einem schwarzen Teich ganz unten sich kaum das Wasser kräuseln sieht.

Auf dem Hügel geht immer ein sanfter kühler Wind, ich hätte im Ort unten wohnen mögen, um öfter hier oben zu sein. Der Ort unten sieht aus wie ein großer Garten mit Häusern darin. Da, auf der großen Ebene über dem Meer, haben die Leute sich früher angesiedelt, als sie noch klug waren und einen sanften Wind und einen weiten Blick schön fanden.

Denn man kann über die ganze Insel sehen, und ringsum, wie um die große grüne Ebene herumgebaut, stehen überall Gebirge, und zwischen den Gebirgen sieht man das Meer, und auf dem Meer, wenn gerade der Tag ist, Schiffe, aber sehr hoch oben, da, wo man schon den Himmel vermutet, weil nämlich das Meer weit weg ist, wenn man hoch oben steht. Deshalb liegt es nicht tiefer unter einem, sondern ist mit einem höher gestiegen und größer geworden. Vielleicht scheint das auch bloß so, aber das macht nichts, jedenfalls sieht man die Schiffe, wenn gerade der Tag ist, und man sieht sie hoch oben, da, wo der Himmel sein müsste, wenn man sich nicht auf das verlassen würde, was die Augen sehen, auch wenn's bloß so scheint.

Die Gebirge ringsum sind grün bewachsen, aus der Ferne sehen sie aber immer schwarz aus, ich weiß nicht, warum. Sie haben ziemlich unheimliche Zacken, und zusammen mit der Schwärze meint man, sie wären riesengroß und tausend Meilen weit weg. Sie sind aber überhaupt nicht groß und auch gar nicht weit weg, das sieht alles bloß so aus.

Es sieht alles aus wie eine ganze große Welt, bloß irgendwie im Kleinen. Ich denke mir das so, dass, als der Obergott die Welt gemacht hatte, die kleinen Götter auch Lust kriegten, Welten zu machen, kleine natürlich. Da sie sich nun vom Obergott nicht erwischen lassen wollten, als sie das Weltenmachen übten, bauten sie ihre kleine Welt mitten in den Indischen Ozean hinein, in der Hoffnung, der Obergott würde so weit weg nichts sehen.

Entweder hat er auch wirklich nichts gesehen oder er hat wenigstens nichts gesagt; und als die Götter, die allmählich Spaß am Weltenmachen bekommen hatten, merkten, dass nichts passiert, haben sie lustig weitergemacht, und so sind dann nach Mauritius alle Inseln in den Meeren entstanden.

Einer ist noch weitergegangen und hat auf die Insel einen See gesetzt und in den See noch eine Insel und auf die Insel noch einen See, dann ist er wohl eingeschlafen, sodass nun im kleinen See auf der kleinen Insel im See auf der Insel im Meer nicht noch eine ganz kleine Insel ist.

Wenn die Götter Inseln mit Leuten darauf gemacht hatten, glaubten die Leute auf diesen kleinen Welten natürlich, solange sie ihren Göttern glaubten, die Welt wäre ein Stück

Land im endlosen Wasser. Sie konnten ja nicht ahnen, dass das Wasser wieder bloß ein Riesenteich auf der Erdkugel war. Die Götter waren daran nicht schuld, sie konnten ja schlecht lauter Kugeln überall in die Meere schmeißen.

In Curepipe schließlich war dann noch ein botanischer Garten, mit einem großen Teich mit einem kleinen Wald von Wasserbäumen mittendrin, und um die Wasserbäume herum schwammen tausende, wenn nicht überhaupt Millionen von Fischen. Wenn man Gras ins Wasser warf, kamen sie angeschossen und schnappten es sich.

Wenn die Fische groß genug sind, jetzt waren sie etwa so groß wie Heringe, kann man sie essen, und sie sollen auch gar nicht übel schmecken. Jedenfalls hat mir das im botanischen Garten von Curepipe am Ende dieses ziemlich langen Gartentages mein Freund Jowaheer erzählt.

6. Brief

Der Blumentag:
Ein verrückter Beruf · Die Blumenfelder
Die Bulbuls · Das alte Haus
Unter dem Wasser · Die Fische

Neulich, als ich abends an der Bar saß und ich weiß nicht was und ich weiß nicht wie viel getrunken hatte (was natürlich gelogen ist, denn ich weiß es genau), hab ich einen Mann aus Deutschland kennen gelernt, der wirklich einen der allerverrücktesten Berufe hat, die man sich vorstellen kann. Er fährt wie ein Wahnsinniger immerzu mit Flugzeugen in der Welt herum, nach Jamaica, nach Hawaii, nach Afrika und eben nach Mauritius, und kauft ungeheuer viele Blumen, die er dann, wieder mit Flugzeugen, nach Deutschland bringen lässt und dort weiterverkauft. Deshalb kam dann – *der Blumentag.*

Früh am Morgen wurde dieser Mann mit einem Auto im Hotel abgeholt, und da er eigentlich auch wieder ganz nett war, hat er mich mitgenommen. Wir sind über die halbe Insel gesaust, dorthin nämlich, wo die Blumen gezüchtet werden, die der Mann sich nun anschauen wollte. Es hatte bis kurz vorher stundenlang geregnet, das ganze Land dampfte.

Nach einer Stunde waren wir dann auf der Blumenfarm, die sechs große Blumenfelder hat. Man erstaunt sich sehr, wenn man das sieht. Denn so ein Feld ist so groß wie ein Fußballplatz und ist mit Bambusstöcken eingezäunt, die hoch wie Zimmerwände sind. Die Blumen, die eine einzige Blüte haben, groß wie ein Teller ungefähr, aber mehr wie ein Herz oder irgend so ein Organ geformt, mit einem merkwürdig stängligen Staubgefäßding oder was das ist, sind rosa, rot und dunkelrot bis fast violett, wachsen in großen dunkelgrünen

Blättern so etwa einen halben Meter hoch und heißen Anthurium Andreanum. Sie stehen in angehäufelten Reihen wie Spargel. Und der springende Punkt oder die Hauptsache oder der Witz dabei ist nun, dass das ganze riesige Blumenfeld ein flaches Dach aus Bambusstöcken hat.

Diese sehr vornehmen Blumen können nämlich von der Sonne, die hier scheint, nur knapp die Hälfte vertragen, und genauso viel lässt eine solche Bambusdecke durch. Nun fielen, weil die Sonne wieder schien nach dem Regen, überall schmale Sonnenlichtstreifen auf die grünen Blätter und die Blumen, und da glitzerte es dann auch sehr, weil das Regenwasser noch in kleinen Tröpfchen an den Blättern und Blüten hing und auf ihnen stand. Trotz des halben Schattens war es sehr heiß, das vertragen diese Blumen nicht bloß, sondern das brauchen sie richtig: also die halbe Sonne, Feuchtigkeit und Wärme.

Einer der Gärtner erzählte mir, dass man auch schon versucht hätte, statt der Bambusstöcke große Bahnen von Stoff über die Blumen zu tun. Das soll gar nicht schlecht sein; aber wenn dann alle zwei oder drei Jahre der gewaltige Sturm kommt, den alle hier fürchten, hält der Stoff das nicht aus, während die Bambusstöcke erstens eine Menge Wind und also auch Sturm durch sich durchlassen, oder besser gesagt zwischen sich, und zweitens, wenn sie doch mal wegfliegen, billiger als Stoff zu ersetzen sind.

Der Sturm ist also gewissermaßen ein Feind dieser Blumen, genau genommen ein Feind der Züchter dieser Blumen. Der zweite Feind, erzählte mir der Gärtner, sind die Bulbuls, die sich auf die Blüten setzen und mit ihren Schnäbeln darauf herumhacken. Ich fragte den Gärtner, ob er mir mal einen Bulbul zeigen könnte, aber natürlich war gerade in diesem Augenblick kein einziger Bulbul auf dem ganzen Blumenfeld. Das war dem Gärtner zwar recht, und er hat dann gesagt, nun ja, wenn die Bulbuls nicht zu uns kommen, dann müssen wir eben zu ihnen gehen, und so haben wir dann die Bulbuls gesucht.

Dazu sind wir hinausgegangen und dann durch ein Tor hindurch in einen herrlichen Garten mit einem großen Haus darin, das wie eingehüllt ist in blühende Pflanzen, die an den Wänden und vom Dach herunterwachsen. Damit es innen im Haus schön kühl ist, fließt auf dem Dach Wasser, das dann hinten am Haus auf den Boden fällt wie ein leise rauschender Regen. Die Fenster waren offen, und man konnte in große wunderschöne Räume sehen, die einem Lust machten, so reich zu sein wie der Mann, dem das Haus gehört, und dann darin zu wohnen.

Neben dem Haus stehen ein paar uralte Feigenbäume und darin wohnen die Bulbuls. Der Gärtner machte ein paar Geräusche mit dem Mund auf seiner Hand, darauf fingen ganz viele bunte Bulbus, die auch schön singen können, in den Ästen und Zweigen hin und her zu flitzen an, setzten sich dann wieder irgendwo hin und guckten uns Menschen belustigt an. Da war der Gärtner zufrieden mit sich.

Auf der Blumenfarm ist noch ein großer Raum, in dem zehn Frauen die Blumen verpacken. Jede Blüte kriegt eine kleine Plastikhaube auf, wird mit dreißig andern (mit neunundzwanzig, besser gesagt) auf eine weiche Unterlage von Zeitungspapierschnitzeln in einen Pappkarton gelegt, und sechs solcher Kartons werden, wenn sie voll sind, zusammen in einen größeren Pappkarton gelegt. So werden die kostbaren Blumen dann in Lastwagen davongefahren, in Flugzeugen davongeflogen, wobei sie natürlich immer kostbarer werden, und im lieben Europa kann man sie dann kaufen.

Unser Gärtner hat sicher auch welche.

Als ich nach dieser lehrreichen Unternehmung wieder beim Hotel war, hab ich mir am Strand ein Boot gemietet, das einen gläsernen Boden hat und ganz langsam fährt. Da zog dann unter mir ebenso langsam die Welt vorbei, die im Wasser ist: kleine Steingebirge, Täler, Ebenen, Grotten und Höhlen, Gärten und Wälder von kleineren, mittleren und sehr großen Pflanzen, die man sich in der Oberwelt gar nicht vorstellen kann, mit Muscheln und Seesternen dazwischen, und überall stehen und schwimmen da die Menschen dieser Wasserwelt herum, die Fische, kleine, mittlere und große, in Schwärmen oder auch allein. Das ist eine grüne, ganz ruhige und stille Welt, in der die Pflanzen sich manchmal bewegen wie in einem ganz, ganz sachten dichten Wind.

Man könnte fast Lust kriegen, ein Fisch zu sein. Aber wir haben uns halt irgendwann entschieden, als Menschen zu leben, was schließlich den Vorteil hat, dass die großen Fische den kleinen Fischen nicht die Menschenwelt beschreiben können, aber die großen Menschen den kleinen Menschen sehr gut die Fischwelt. Fische haben ja auch keine Briefmarken und so, wenn sie etwa mal schreiben wollten. Denn genau weiß man natürlich nicht, ob sie sich auf ihre Weise nicht doch allerhand erzählen können, wenn so ein Schriftstellermensch da hinter dem Glas, und als ob das nicht reichte, auch noch mit Brille, von oben herab glotzäugig ihre Welt betrachtet.

7. Brief

Der Inseltag:
Das wilde Meer · Kleine Regenbögen
Die runde Insel · Merkwürdige Namen
Die Schlangeninsel

Ich hab mir ein großes Boot gemietet, ein kleines Schiff beinahe, mit zwei starken Motoren, und bin damit sieben Stunden lang auf dem offenen Meer gewesen. Ich hab das Boot natürlich nicht selber gesteuert, zum Glück; gesteuert hat es der braunhäutige Schiffer und manchmal ein Junge von ungefähr sechzehn Jahren, den der Schiffer dabeihatte.

Auf dem Boot, das unten eine Kabine zum Schlafen und eine Küche hat, hätten gut und gern zehn Leute Platz gehabt, aber ich wollte lieber allein der Bestimmer sein. Und so begann er denn morgens um sieben Uhr, nämlich – *der Inseltag.*

Wenn man von fern das Meer sieht, denkt man, das sei eine Ebene, und der Schiffer sagte, manchmal sei das auch wirklich so, dann sei das Meer glatt wie ein Spiegel. Aber in der Nacht vor diesem Tag war ein Wind aufgekommen, ein frischer Wind, und kaum waren wir aus der Lagune heraus, durch das Korallenriff hindurch, das um die Insel herum schon vor der Küste die großen Wellen bricht, da sah man, dass, aus der Nähe besehen, das Meer ein verdammt wüstes Ding sein kann.

Da gab es Wellentäler, in die unser Boot, obwohl es doch fast ein Schiff war, hinabsauste wie in einen Krater, dann fuhr es den Kraterrand wieder hinauf, so steil, dass der ganze vordere Teil des Bootes regelrecht auf einem Wasserberg in den Himmel zu steigen schien, und die nächste Welle, schräg von vorn, schmiss das Boot schauerlich schief auf die Seite und knallte es dann auf die übernächste Welle, dass es klang, als würden Riesen mit großen Holzhämmern wütend von unten auf das Boot einhauen.

Am Anfang hab ich mich, wenn ich stand, mit beiden Händen festhalten müssen und bin immer noch gegen alles Mögliche gestoßen, von weitem hätte ich ebenso gut eine Puppe sein können. Allmählich hab ich mich wieder daran erinnert, dass ich mich selber ja auch bewegen könnte, und langsam bin ich dann ganz gut auf den Beinen geblieben, wenn ich die Wellen beobachtet hab. Da war das sogar ein toller Spaß, und der Schiffer weiß ja auch, dass das alles für so ein großes Boot ganz ungefährlich ist, schließlich sind diese Boote genau für solches Wasser und für noch wilderes gebaut.

Nach jeder Welle, durch die das Boot gefahren war, flog Wasserstaub blitzschnell am Boot vorbei, und da wir nach Norden fuhren, sodass die Morgensonne von der Seite kam, entstand am hinteren Teil des Boots nach jeder Welle für einen winzigen Augenblick ein kleiner leuchtender Regenbogen über dem Wasser. Die Frage ist natürlich, ob das ein und derselbe Regenbogen war, den jeder neue Wellenwasserstaub wieder sichtbar machte, oder ob die verschwenderische Sonne mit jeder Welle einen neuen Regenbogen hinzauberte.

Der Schiffer hatte hinten im Boot vier Angeln festgemacht, deren glitzernde Köder viele Meter hinter uns durchs Wasser fegten. Mit diesen Booten jagt man nämlich Malins, Thunfische, Barracudas, also die großen Hochseefische, manchmal erwischt man auch, obwohl man den gar nicht will, einen Hai. Bei so rauem Wasser gehen die Fische aber nach unten, wo es ruhig bleibt, und wir haben nicht einen einzigen gefangen.

Ich fand das auch besser so, mein Herz schlug in diesem Fall für die Fische, so gut die andererseits hinterher auch immer schmecken. Das mit dem Lebenlassenwollen und Gernessen ist ein Problem, aber es ist eines der Probleme in dieser Welt, die man nicht lösen kann, und zwar deshalb, weil die Welt eben so ist.

Ich wollte mir aber, deshalb hockte ich da auf dem Boot, die kleinen Inseln ansehen, die hier im Norden von Mauritius im Indischen Ozean liegen.

An die erste, auf der man bei solchen Wellen nicht landen kann, kamen wir nach zwei Stunden. Sie ist ein bisschen bewachsen und Hasen und Vögel sind ihre einzigen Bewohner. Das ist eine dieser Inseln, die so ein ganz kleiner Gott gemacht hat, einer, der vom Weltenmachen noch nicht arg viel verstand, ein Babygott. Die Insel heißt runde Insel und auf diesen Namen hin muss ich etwas über die Fantasielosigkeit und Lügenhaftigkeit der alten Bewohner von Mauritius berichten.

Diese Insel ist zwar annähernd rund, das stimmt. Aber schließlich hätten sie ihr ja auch einen richtigen Namen geben können, etwa Urduka oder Bataroa oder so ähnlich. Mit den Flüssen sind sie aber auch oft so umgesprungen. Einen großen Fluss unten rechts auf der Insel haben sie einfach Südostfluss genannt, einen anderen oben links Nordwestfluss. Kleinere Flüsse haben gar keinen Namen, und wenn man einen, der da wohnt, fragt: Wie heißt denn dieser Fluss?, dann sagt er: Der heißt nicht, das ist der Fluss hier.

Eine andre Insel heißt einfach flache Insel; sie ist auch flach, jedenfalls zum größten Teil, und jetzt geht das mit der Lügenhaftigkeit los: Denn das Erste, was einem an der flachen Insel auffällt, ist eben, dass sie einen Berg hat.

Wieder eine andre Insel heißt Schlangeninsel, die ist nun kreisrund und es wohnt nicht eine einzige Schlange auf ihr und es hat wohl auch noch nie eine auf ihr gewohnt. Eine noch andre Insel heißt Taubeninsel, da wohnen die Möwen. Und eine, auf die ich noch will, heißt Hirschinsel, und ich möchte jetzt schon wetten, dass vielleicht ein Hirsch zufällig mal die Insel gesehen hat, aber ganz sicher die Insel noch keinen Hirsch. Wer weiß, was die Leute sich hier gedacht haben, wenn sie überhaupt gedacht haben.

Im Süden der Insel, der großen Insel, der Insel Mauritius,

das muss ich nun sagen, damit ich nicht selber ins Lügen gerate, da gibt's Flüsse, die heißen zum Beispiel Schwarzer Fluss, Fluss der roten Erde, Drachenfluss, Kastanienfluss, Kreolenfluss und so ähnlich. Das hört sich schon ein bisschen nach richtigen Namen an, jedenfalls kann man sagen, dass die Leute sich da Mühe gegeben haben, und das ist schließlich schon etwas. Die Schlangeninsel, auf der keine Schlangen sind, sieht nicht so aus, als hätte da auch nur der allerwinzigste Gott seine Finger mit im Spiel gehabt. Sie sieht so aus, als hätte ein schrecklicher Riese in den uralten Zeiten einmal tausend Jahre immer nur gefressen und dann ein einziges Mal gekackt, und das an dieser Stelle einfach ins Meer, und der Kackhaufen hätte sich dann versteinert.

Jetzt ist die Insel braun, es wächst nichts darauf, aber es wohnen dort hunderttausende von möwenähnlichen Vögeln, die so dunkel sind, dass der Schiffer sagte, das seien die schwarzen Vögel. Wenn man ganz dicht an die Insel heranfährt, sieht man sie über die Oberfläche fliegend wimmeln.

Diese schwarzen Vögel nun wieder kacken dort schon seit Jahrtausenden, und zwar kacken sie weiß, und so ist der riesige braune Kackhaufen jetzt überall bedeckt mit langen Streifen weißer Kacke. Deshalb kann man ohne viel Übertreibung sagen, dass das hier eine ganz und gar beschissene Scheißinsel ist.

Dann sind wir wieder ins Meer hinausgefahren, aber ich sehe jetzt: Der *Inseltag* war so lang, dass ich ihn in zwei Stücke zerteilen muss. Was nämlich das Schreiben angeht, so lass ich mir von keinem erzählen, dass man alles immer auf einmal erzählen muss.

8. Brief

Der zweite Teil des Inseltags:
Die flache Insel · Der unsichtbare Friedhof
Die Burg der weißen Vögel · Überschwemmung

Das kleine Garst beim Tanzen, das Caroline heißt (man muss das aber englisch aussprechen), fliegt mit ihrem Bruder, den sie Steve nennt, und mit ihren Eltern Barbara und Patrick leider heute wieder nach England zurück. Vielleicht kommt wieder ein andres Garst. Jetzt aber, weil ich meistens nicht lüge – *der zweite Teil des Inseltags.*

Wir sind also wieder aufs offene Meer hinausgefahren, weg von der Kackhaufeninsel, und nach einer Weile sind wir zu drei kleinen Inseln gekommen, die eng beieinander liegen. Die eine ist der Vogelfelsen, der wie ein mächtiger Turm aus dem Wasser ragt, die andre, die auch nicht sehr groß ist, heißt Gabriel, ich weiß aber nicht, warum, und an der dritten sind wir dann gelandet, an der flachen Insel.

Und da hab ich mich dann mit dem Jungen, den der Schiffer dabeihatte, auf den Weg zu dem kleinen Berg gemacht, auf dem oben ein Leuchtturm steht. Genau genommen hat der Schiffer mich auf den Weg gemacht und ich hab bloß nicht widersprochen.

Erst ging es durch ein Wäldchen, in dem es überall raschelte und zischelte. Das lag an Unmengen von kleinen Eidechsen, die sich an den Wegrändern durchs Laub schlängelten. Als der Wald zu Ende war, fing der kleine Berg an, der wirklich nicht groß ist, nur so ein kleiner Berg, ein Hügel, ein süßer kleiner Hügel, bloß eben mitten im Indischen Ozean, und es war gerade Mittag, und die Sonne brannte so vom Himmel herab, dass ich sofort auf den dummen Gedanken kam, gegen diese Sonne sei die Sonne bei uns eigentlich bloß ein besserer

Mond. Und wie sonst die salzigen Tränen auf die Backen fließen, flossen jetzt salzige Tropfen von der Stirn auf die Augen und brannten dort, und ich dachte gleich den zweiten dummen Gedanken: Ich dachte nämlich, jetzt könnten die Augen einmal so richtig sehen, was sie sonst immer mit den Backen anstellen.

Unter solchen Gedanken waren wir aber fast schon oben, und dann sahen wir vom Leuchtturm aus die Welt unter uns liegen, die wir durchfahren hatten und noch durchfahren wollten, mit all den Inseln darin, und hinten in der Ferne lag Mauritius mit diesen durch die Ferne grau gewordenen schwarzen Bergen.

Wenn in den alten Zeiten die Segelschiffe, die lange gefahren waren, bis an diese Insel gelangt waren, sodass die Männer auf den Schiffen die Berge von Mauritius schon sehen konnten, mussten sie ankern, und es kam jemand an Bord, um zu prüfen, ob alle Seeleute gesund wären. Wenn welche irgendeine ansteckende Krankheit hatten, wurden sie auf die Insel gebracht, auf der damals ein Hospital stand, und dann durfte das Schiff so lange nicht weitersegeln, bis alle entweder gesund oder tot waren.

Ein Teil wurde natürlich meist gesund, aber manche starben auch, und so kam es, dass auf dieser sonst unbewohnten Insel ein großer Friedhof war, der jetzt vom Wald überwuchert ist. Man sieht von der ganzen Geschichte jetzt also gar nichts mehr, aber passiert ist sie trotzdem.

Als wir wieder im Boot waren, war ich wirklich ziemlich angeschlagen, aber der Schiffer tröstete mich mit einem lauwarmen Bier (der Kühlschrank tat's nämlich nicht). Und dann ging es weiter zur letzten Insel, zu der, die dem Land am nächsten ist. Das ist die gewaltigste von allen, sie sieht aus wie eine Gigantenburg. Die Vorderseite dieser Burg, wenn man nun einmal an eine Burg glauben will, ist nach außen gerundet und bestimmt hundert Meter breit. Zehn Meter hoch stehen von Sturm und Wasser glatt gemachte Felsenwände auf dem Meer, wie von Gigantenbaumeistern hingesetzt, dann geht es über hundert Meter in die Höhe, senkrecht, mit Vorsprüngen, Aushöhlungen, Balkonen, Spitzen und Zacken.

Man kann sich leicht die allergrößten Geheimnisse da im Innern ausdenken hinter dieser Riesenwand. Und oben, ganz oben vor dieser Wand, über dem Wasser tief unten, schwebten langsam große weiße Vögel mit langen Schwanzfedern, als ob sie die Herren über das alles wären oder irgendetwas verkünden wollten, was wir nicht mehr deuten können. Vielleicht ist das alles so lange her, dass sie es selbst nicht mehr wissen und nun gedankenverloren einfach noch schweben, als ob die Zeit stillgestanden wäre.

Aber unsre ging weiter, mit uns zurück nach Mauritius. Am Morgen waren wir gegen die Wellen gefahren, jetzt liefen sie in dieselbe Richtung. Sie liefen ein ganz kleines bisschen schneller als wir, sodass sie uns unter dem Boot immer überholten. Wenn so eine Welle von hinten kam, hob sie das Boot langsam hoch, immer weiter, man hatte das Gefühl, das Boot würde sich nur noch oben und gar nicht mehr nach vorn bewegen. Dann war die Welle unter dem Boot hindurch, und wir glitten rasch ins Wellental hinunter, aus dem die nächste Welle uns dann wieder heraufhob nach oben.

So ging das eine schöne Stunde lang. Der Schiffer saß ruhig da und brauchte fast gar nichts zu tun, der Junge saß auf dem Boden und war eingeschlafen und ich saß da und wurde immer müder und müder.

Aber dann waren wir bei unsrer Insel, ich sagte dem Schiffer und dem Jungen adieu und setzte mich auf die Hotelveranda und trank eine Stunde lang immerzu Tee, ich war von dem allen offenbar schrecklich durstig geworden.

In der Nacht nach diesem langen Tag gab es ein großes Gewitter mit unablässigem Regen, und am nächsten Morgen stand der Raum, in dem alle hier frühstücken, einen halben Meter unter Wasser. Wenn die Natur, die hier auf der Insel sonst so sanft aussieht, einmal richtig loslegt, dann passiert immer gleich irgendetwas. Zum Glück wissen die Leute das hier, und so konnten wir alle in einem andern Raum frühstücken, in dem kein Wasser stand. Natürlich könnte man immer in diesem Raum frühstücken. Warum man das nicht tut, weiß ich nicht. Ich will auch keinen danach fragen, denn ein paar Geheimnisse kann es ruhig noch geben, auch wenn es sehr kleine sind.

9. Brief

An den Ufern aller Flüsse im Land, und es gibt viele Flüsse in diesem Land, stehen die Frauen in ihren bunten Gewändern im Wasser und waschen auf schwarzen großen Steinen die bunten Gewänder ihrer Familien.

Wenn sie sie gewaschen haben, breiten sie sie auf den grünen Flussufern aus und lassen sie in der Sonne trocknen.

Und ich weiß nicht, wie es kam, aber als ich da so in der Sonne stand und zusah, ist mir, als ob es in der Luft lag, das folgende Liedchen eingefallen:

Die Sankt Ottenländerinnen
können so fein Wolle spinnen
und so fein verstricken,
dass man selbst die dicken
und die dünnen Sachen,
die sie daraus machen,
leider gar nicht sieht –
so geht dieses Lied.

Die Sankt Ottenländer
tragen die Gewänder
nicht auf ihrer Haut,
sondern in der Hand.
Wenn es nämlich taut,
steht Sankt Ottenland
völlig unter Wasser,
und ein völlig nasser

45

Ottenländer Mann
darf an den Gewändern
niemals irgendwann
irgendetwas ändern.

Sind sie einmal nass,
bleiben sie es immer,
und das wäre schlimmer
als sonst irgendwas.

Darum tragen sie
ihre Kleider nie
außer gut verpackt
in der rechten Hand
und gehn eben nackt
durch Sankt Ottenland.

Ob sie aber nackt sind,
weil sie sie nicht tragen,
weil sie ja verpackt sind,
oder ob sie sagen,
dass man alles ändern
soll mit den Gewändern,
ist auch ganz egal,
denn wir hörten ja schon mal:

Die Sankt Ottenländerinnen
können so fein Wolle spinnen
und so fein verstricken,
dass man selbst die dicken
und die dünnen Sachen,
die sie daraus machen,
leider gar nicht sieht –
so geht dieses Lied.

Die größeren Flüsse unterscheiden sich hier von den kleineren dadurch, dass sie sich tiefer ins Land eingegraben haben. Wenn man nun an einen kleineren Fluss kommt, sieht man ein paar waschende Frauen aus der Nähe, wenn man aber an einen großen Fluss kommt, sieht man tief unten, den Fluss hinauf und hinab, ganz viele Frauen aus der Ferne, wie Flecken in allen Farben am Grün der Ufer. Und damit beginnt – *der Menschentag*.

Als wir einmal an einen solchen kleineren Fluss kamen, stand auf der anderen Straßenseite ein Auto, an dem irgendetwas kaputt war. Wir hielten an, und mein Freund Jowaheer half den andern Leuten, die allein nicht zurechtgekommen waren. Ich ging inzwischen ein Weilchen zu den Frauen am Ufer, und als ich zurückkam, machte Jowaheer den Kofferraum seines Autos auf: Da lagen mit herrlichen Farben auf ihren starken Panzern zwei der allerschönsten Langusten und Jowaheer sagte: Die wollen wir nachher essen. Der eine Mann im andern Auto war nämlich Fischer und der hatte einen ganzen Haufen Langusten gerade vorher frisch gefangen.

Sehr fröhlich sind wir dann weitergefahren, sind dann von der Straße abgebogen, noch einmal abgebogen und dann steil abwärts gefahren, auf einem der allerholprigsten Wege, einem ganz schmalen. Links war ein Feld mit Zuckerrohr, ungefähr so hoch wie ich und du zusammen, rechts ein kleiner Wald.

Die Bäume da stehen nicht sehr nah beieinander, überall auf dem Boden zwischen ihnen liegen Steine. Überhaupt ist das hier ein sehr steiniges Land. Die größten von ihnen, richtige Brocken, hat man aus den Zuckerrohrfeldern auf Haufen zusammengetragen, die so groß wie Häuser sind, aber keglig und oben rund. Das ganze Land ist übersät mit diesen großen schwarzen Steinhaufen.

In diesem Wald an dem Weg steil abwärts zwischen den Bäumen nun haben die Leute an vielen Stellen die Steine weggesammelt und sich kleine Hütten hingebaut, meistens aus Blech. In diesen Hütten, die wirklich sehr sehr klein sind, leben sie, und oft mit vielen Kindern, und sie leben da nicht bloß so aus Spaß oder weil das Zuckerrohr besonders schön wäre, sondern sie sind einfach arm und können nicht besser wohnen. Der ganze Wald ist voll solcher Hütten und von solchen Wäldern gibt es hier an den Flüssen eine Menge.

Denn der Weg zwischen dem Zuckerrohrfeld und dem Wald geht so steil bergab, weil er zum größten Fluss des Landes hinunterführt, und zwar dort, wo der Fluss dann nach ein paar hundert Metern ins Meer fließt. Hier stehen übrigens keine Frauen im Wasser zum Wäschewaschen, weil es in diesem Fluss so dicht am Meer eine Menge Haie gibt. Nun glaube ich zwar nicht, dass diese Haie besonders gefährlich sind, aber es kommt ja auf das an, was die Leute selber glauben; denn die müssen ja ins Wasser, nicht ich. Und die Leute glauben eben, dass die Haie gefährlich sind.

Nun muss man immer bedenken, dass es hier ursprünglich gar keine Menschen gegeben hat. Und ganz mit den Tieren vertraut sind die Menschen eigentlich immer nur dort, wo sie sozusagen schon ewig leben. Dazu kommt, dass die Vorfahren der Leute, die hier leben, alle aus Ländern stammen, in denen man von den Haien nur hört, was man von den Haien überall dort hört, wo es keine gibt: nämlich dass sie so schrecklich gefährlich sind. Es könnte also sein, dass einer wie ich über die Haie mehr weiß als die Einwohner. In den Fluss will ich aber trotzdem nicht steigen.

Frauen waren also nicht am Fluss, dafür aber Männer. Sie standen, saßen und lagen unten am Fluss, schwatzten und rauchten. Dann begrüßten sie meinen Freund Jowaheer, der wirklich erstaunlich viele Menschen hier kennt.

Auf der anderen Seite des Flusses sah es genauso aus. Wenn einer hinüberwill, um drüben zu schwatzen, bindet er einfach ein Boot los, das da liegt, und fährt hinüber. Wenn danach nun noch einer hinüberwill, ruft er nach drüben, und entweder kommt dann einer mit dem Boot herüber, der ohnehin hierher wollte, und dann fährt der, der hinüber will, allein hinüber, oder es kommt einer mit dem Boot herüber, bloß um den abzuholen, der hinüberwill, und dann fahren sie zu zweit hinüber und können gleich mit dem Schwatzen anfangen. Nach einer Weile sind wir von diesem Platz, an den niemals ein Tourist kommt, wieder weitergefahren in den Ort, in dem mein Freund Jowaheer wohnt, in sein Haus, und wir haben dort die Langusten gegessen.

Wenn man hier in die Häuser hineingeht, kommt man nicht in einen Flur oder so etwas, sondern gleich in einen Raum, in dem ein kleinerer oder größerer Tisch und sonst nur bequeme Stühle oder Korbsessel stehen, vielleicht acht oder zehn. Die Leute hier haben die Sitte, sich sehr häufig zu besuchen, und dies ist der Raum dafür.

In einem andern Haus, in dem ich neulich einen Mann besuchte, war es auch so. Wir saßen da und schwatzten, dann kam die Frau und brachte einen kühlen Saft und ein paar Kekse, bald darauf kamen noch vier Leute, dann noch zwei, ab und zu ging auch einer weg, und alle saßen da und unterhielten sich miteinander.

Jowaheer und ich saßen übrigens allein am Tisch beim Langustenessen. Die Frau musste in der Küche bleiben und fürs Essen und den Kaffee sorgen und die älteren Kinder mussten alles bringen: das köstliche Langustenfleisch, dazu eine Langustensuppe, eine Platte mit Gemüse, zwei Platten mit verschiedenen Salaten, Brot, kühles Wasser zum Trinken, dann einen Obstsalat und Kaffee. Wir beiden Männer haben da einfach gesessen und uns bedienen und es uns gut schmecken lassen, und es schmeckte wirklich gut, gar nichts auf der Insel hat mir so gut geschmeckt.

Mein Freund Jowaheer hat die Angewohnheit, so zu lachen, dass er hähähähä macht. Er wusste ganz genau, dass ich zum Essen viel lieber ein Bier getrunken hätte. Nun dürfen die guten Muselmanen aber niemals Alkohol trinken, Allah hat das nicht gern und Jowaheer ist ein guter Muselman. Bei den herrlichen Langusten nahm er dann mein Glas, sagte:

Wasser!, und machte dann hähähähä. Neulich hat er mich gefragt, ob denn auch ich bete, wie er, und als ich sagte: Nein, hat er gesagt: Hähähähä. Ich kriege allmählich den Eindruck, dass er ein gewaltiger Spitzbube ist, wenn auch ein arg netter.

Dann sind wir weitergefahren und unterwegs hat er mir von einigen Sitten seiner Landsleute hier erzählt.

Ich hab mir gleich gedacht, dass der *Menschentag* sehr lang sein wird. Also muss ich aus ihm wieder zwei Teile machen. Das ist zwar alles mit Arbeit verbunden, aber ich kann die Sachen ja unmöglich alle für mich behalten, auch wenn mir vom vielen Erzählen die Finger schon wehtun.

10. Brief

Der zweite Teil des Menschentags und der Blitzabend:
Hochzeit · Kindergewimmel · Bei Jowaheers Schwester
Tausend Verwandte · Der Ochse · Das Wunderlandgewitter

Da ich, wie gesagt, meistens nicht lüge, kommt jetzt auf der Stelle – *der zweite Teil des Menschentags.*
Mein Freund Jowaheer hat mich also weiter herumgefahren und mir dabei ein bisschen über die Sitten seiner Landsleute erzählt.

Wenn sie hier zum Beispiel heiraten, dann laden sie alle Verwandten von der ganzen Insel zu einem großen Festessen ein und zu den Verwandten hinzu noch alle Freunde aus dem Ort, in dem sie die Hochzeit machen. Für das Festessen kaufen sie einen ausgewachsenen Ochsen, den schlachten sie dann und essen ihn völlig auf. Denn, sagt mein Freund Jowaheer, wenn sich alle Verwandten eines Brautpaars versammeln und dazu noch die Freunde aus dem Dorf, dann sind das mit Leichtigkeit mehr als tausend Leute.

Während wir so redend weiterfuhren, war es Nachmittag geworden, drei Uhr ungefähr, und da ist hier überall die Schule aus. Da wimmeln in allen Orten die Straßen von unglaublich vielen braunhäutigen hübschen grinsenden Kindern, die alle irgendwie ähnlich aussehen, weil sie so etwas wie Schuluniformen anhaben. Vielleicht grinsen auch gar nicht alle, aber viele jedenfalls grinsen, und da sie alle so gleich angezogen sind, denkt man, alle grinsen. Und es sind wirklich so wahnsinnig viele Kinder, dass man's gar nicht glauben möchte.

Als wir uns durch ein solches kindervolles Dorf glücklich durchgewühlt hatten, bog Jowaheer in eine kleine Nebenstraße ein, hielt vor einem Haus und sagte, hier wollten wir aussteigen, denn hier wohne seine Schwester und die könne uns jetzt einen Tee machen. Wir setzten uns dann wieder wie die Oberbestimmer allein an einen Tisch, und die Schwester, eine schöne dicke Frau, brachte Tee und Milch und Zucker und Kekse. Unter der Tür blieb sie dann stehen und schaute uns grinsend zu.

Erfrischt zogen wir weiter, und als ich Jowaheer fragte, wie viele Kinder seine Schwester denn habe, sagte er: Bloß vier. Vier ist ja eigentlich eine ganze Menge, aber er sagte trotzdem: Bloß vier. Und jetzt wollen wir mal sehen, wie es kommen kann, dass sich bei einer Hochzeit über tausend Leute versammeln.

Mein Freund Jowaheer sagt nämlich: Bloß vier, hähähähä, weil er selber ja acht Kinder hat, was ihm bestimmt schon sehr zurückhaltend vorkommt; denn seine Eltern hatten elf Kinder, die hätten eine ganze Fußballmannschaft bilden können: im Tor – Jowaheer, in der Viererabwehrkette – Jowaheer, Jowaheer, Jowaheer, Jowaheer, im defensiven Mittelfeld – Jowaheer, Jowaheer, im offensiven Mittelfeld – Jowaheer, Jowaheer, im Angriff – Jowaheer, Jowaheer. Auswechselspieler hätten sie keine gehabt, aber da wäre ihnen bestimmt auch noch was eingefallen.

Wenn nun eine Tochter meines Freundes Jowaheer heiraten würde, dann wären da bei der Hochzeit einmal diese Tochter und ihr Mann, dann Jowaheer mit seiner Frau und den übrigen sieben Kindern, das sind elf Leute. Dann kommen die zehn Geschwister von Jowaheer, die sind alle verheiratet, das sind noch einmal zwanzig Leute. Wenn die zehn Geschwister jeweils sieben Kinder haben, dann sind das noch einmal siebzig, und jetzt hätten wir schon über hundert Leute. Nun haben die zehn Männer oder Frauen, mit denen Jowaheers Geschwister verheiratet sind, vielleicht jeweils acht Brüder oder Schwestern, das sind wieder achtzig, und alle achtzig sind sicher verheiratet und haben bestimmt jeder sechs Kinder, das sind vierhundertachtzig und hundertsechzig, sodass wir jetzt schon ungefähr bei siebenhundertfünfzig Leuten sind. Dazu kommt, dass der Mann, den Jowaheers Tochter heiratet, erstens sieben Geschwister hat, zweitens Eltern, und drittens diese Eltern wieder zusammen sechzehn Geschwister haben, die alle verheiratet sind und ihrerseits wieder hunderte von Kindern haben. Außerdem hat Jowaheers Frau sicher sieben Geschwister, die verheiratet sind und einen Haufen Kinder haben. Wenn dann noch die Freunde dazukommen, kann man sich schon gut vorstellen, wie es da zugehen muss.

Es leuchtet einem dann auch sehr ein, dass man da einen ganzen Ochsen braten muss. Der Mist ist nun, dass in den letzten Jahren die Ochsen hier so teuer geworden sind, dass Jowaheer sagt, sie könnten sich einfach keinen Ochsen mehr bei Hochzeiten leisten. Mein Freund Jowaheer ist gar kein armer Mann, und doch kann er sich keinen Ochsen leisten, obwohl ein Ochse hier für unser Geld so billig ist, dass ich meinem Freund Jowaheer glatt einen ganzen Ochsen schenken könnte. Es würde mir zwar ein bisschen was ausmachen, ich müsste vielleicht drei Tage früher hier wegfahren, aber den Ochsen könnte ich doch kaufen.

Zum Glück sind die Töchter meines Freundes Jowaheer alle schon verheiratet, sodass ich doch ein bisschen noch hier bleiben kann, weil ich nun keinen Ochsen kaufen muss.

Als ich müde wieder im Hotel war und dachte, nun ist dieser lange Tage mit den vielen Menschen glücklich vorbei, kam plötzlich noch – *der Blitzabend.*

Die Sonne war untergegangen, es war dunkel geworden, im Westen lag auf dem Meer eine schwarze Wolkenbank. Mit einem Mal ging hinter der Wolkenbank ein großes Wetterleuchten los, sodass es aussah, als spielte sich hinter der Wolkenbank irgendein helles flackerndes Schauspiel ab. Dann sah man die Spitze von Blitzen auch oberhalb der Wolkenbank, etwa so, wie man im Kasperletheater den Kopf vom Kasper sehen kann, wenn er über den Rand vom Kasperletheater guckt. So sah man also überall im Westen, wie die Blitzkasperles mit der Hand ausholten, um auf die Erde zu schlagen, aber man sah eben immer nur die Hand oben.

Das alles, dachte ich, spielt sich irgendwo ungeheuer weit in der Ferne über diesem beinahe endlosen Meer ab, so weit weg, dass der Donner von diesem Gewitter dahinten wahrscheinlich erst am nächsten Morgen in Mauritius ankommen wird.

Und dann hab ich etwas doch sehr Bedenkliches gesehen. Einige von den Blitzen nämlich gingen nicht oben los, um dann auf die Erde zu knattern, sondern kamen von unten angeschossen und endeten dann in einem Bogen am Himmel über der Wolkenbank, als ob ein Riesenvulkan Leuchtkugelsterne in den Himmel pustete. Das war befremdlich und sehr bedenklich, wie gesagt, und ich bin sonst auch gern bereit, an so manchem zu zweifeln; aber ich kann ja ganz unmöglich an dem zweifeln, was meine Augen sehen, mag der Kopf noch so schreien.

Ich habe mir dann also gesagt: Wenn hier der Mond, obwohl er aussieht, als solle er abnehmen, zunimmt, und wenn hier die Mondsichel liegt, anstatt zu stehen, warum sollen dann eigentlich nicht auch die Blitze das Recht haben, statt auf die Erde zu schlagen in den Himmel zu fahren. Hier gibt es schließlich auch Bäume, die ihre Wurzeln oben haben und von dort herabhängen lassen, und wahrscheinlich werde ich nächstens einen Vogel sehen, der rückwärts fliegt. Wenn es dann immer so weitergeht, wird tagsüber der Mond und wird nachts die Sonne scheinen, und wenn ich abends mit dem Flugzeug wegfliege, werde ich am selben Morgen, den ich schon erlebt habe, in einem ganz andern Land ankommen.

Jedenfalls werde ich alles beschreiben, egal, wie es klingt, und egal, was die dazu sagen, die nicht hier sind.

11. Brief

Der Friedhofstag:
Der Traum vom Chinesen · Der Friedhof in Port Louis
Allah und die Seelen · Die alte Schildkröte
Totenverbrennen · Der Göttergarten

Ehe der Tag, der neulich war, richtig losging, hatte ich in meinem verwuselten Kopf einen der allermerkwürdigsten Träume. Ich saß mit andern Leuten auf einem großen flachen Boot und fuhr auf einem ganz ruhigen Meer. Da drehte ich mich um und sah, wie von hinten oben, vom Himmel herunter, schräg auf uns zu bolzengerade, mit dem Kopf voran und angelegten Armen, ein Chinese angesaust kam, mit völlig ernstem Gesicht. Neben dem Boot schoss er ins Wasser hinein, und ich erschrak, weil ich dachte, das kann ja nicht gut gehen. Da lag der Chinese aber auch schon neben dem Boot auf dem Rücken im Wasser und schaute sich friedlich den Himmel an.

Nun esse ich jeden Abend chinesisches Essen, vielleicht ist es da kein Wunder, dass ich auch chinesisch träume. Als ich aus dem Traum auftauchte, kam dann – *der Friedhofstag.*

Ich gucke mir oft, wenn ich woanders bin, Friedhöfe an. Sonst sieht man, wie die Leute mit den Lebenden umgehen, auf Friedhöfen sieht man, wie sie es mit den Toten halten. Die Toten sind ja die Mehrheit in der Welt, und je länger die Welt besteht, desto größer wird diese Mehrheit natürlich. Wenn man einmal darauf achtet, sieht man deshalb auch hier überall Friedhöfe, mitten in der Landschaft oft, wie Wiesen, auf denen ab und zu ein Kreuz steht, oder wie Gärten mit Steinen darin.

Der Friedhof hier bei der Hauptstadt ist riesengroß und in verschiedene Quartiere eingeteilt, weil die Leute es mit den

Toten eben ganz verschieden halten und das nicht alles durcheinander bringen wollen.

Die Christen zum Beispiel bauen so etwas wie Steinhäuser, mit Steinschubläden darin, da liegen die Toten, ganze Familien, in so einem Haus.

Die Chinesen haben das abgeguckt und machen es genauso. Oben auf diesen Häusern ist oft ein Kreuz, manchmal auch ein Jesus. An den Grabhäusern der Chinesen hängen häufig Fotos, auf denen die Toten abgebildet sind, wie sie aussahen, als sie noch lebten.

Die Muselmanen graben ihre Toten ein, auf das Grab stellen oder legen sie einen Stein mit einer Nummer darauf, manchmal haben sie noch den Namen ihres Gottes daraufgemalt, einen Namen, den man, was wirklich sonderbar ist, auch in Zahlen schreiben kann, nämlich: 6.8.7. Sonst tun sie nichts mehr. Sie dürfen an den Gräbern auch nicht beten, das mag Allah nicht, und deshalb hat Mohammed, sein Prophet, es einfach verboten. Mein Freund Jowaheer sagt, die Seelen der Muselmanen kämen nach dem Tod in den Himmel, zu Allah, der würde sie dann prüfen, und damit müssten sie eben allein zurechtkommen.

Ich hab darauf gesagt, die Sache mit der Seele allein vor Allah, der der Seele dann womöglich eine Riesenpredigt hält über all den Unsinn, den sie so auf der Welt angestellt hat, und ihr am Ende dann gnädig erlaubt, im Himmel zu bleiben – also diese Sache, hab ich gesagt, könne ich mir denn doch nicht so recht vorstellen. Bei unserm Gott, habe ich gesagt, soll es ähnlich sein, jedenfalls erzählten manche Leute das, aber schließlich müsse man ja nicht alles glauben, was die Leute so erzählen. Ich fände es besser, wenn man die Toten im Gedächtnis behält, da seien sie doch am sichersten und schönsten aufgehoben.

Auf dem ältesten Teil des Friedhofs von Allahs Leuten war ein uralter Mann, der von allen Erdhaufen wusste, wen sie da mal begraben haben. Dieser uralte Mann führte uns gleich beim Friedhof zu einem kleinen Gehege mit Riesenschild-kröten. Da ging er hinein und setzte sich auf eine Schild-kröte, die in ihrem uralten Kopf vielleicht gerade davon träumte, wie sie vor zweihundert Jahren einmal unter schatti-gen Bäumen grünes Gras gefressen hatte. Nun riss dieser ver-rückte Mann sie aus dem Traum und wollte auf ihr reiten. Sie war aber nach so vielen Jahren Leben schlau geworden und wusste einen guten Trick: Sie rannte mit dem Störenfried auf dem Rücken einfach ins Wasserloch, da musste er abspringen und sie war ihn los, und wenn sie wollte, konnte sie nun wie-der träumen.

Die Hindus, die ich damals an dem heiligen See hatte beten sehen, machen es mit den Toten zum Teil so wie die Musel-manen. Zum Teil aber tragen sie ihre Toten an bestimmte Plätze in den Bergen, legen sie auf große Holzstöße und ver-brennen sie. Dann kommen Wind und Regen und alles wird zu Erde. Wahrscheinlich ist das sogar gut für die Pflanzen und Bäume, in denen die Toten auf diese Weise dann weiterleben. Ich glaube nicht, dass sich die Pflanzen und Bäume später daran erinnern, aber vielleicht sind sie auf ihre Art ja doch ir-gendwie dankbar dafür.

Nach den Friedhöfen war ich an einem Ort, an dem die Hindus ihre Tempel haben. Sie haben immer mehrere Tem-pel, weil sie mehrere Götter haben. Ihr Obergott ist sogar verheiratet, und wie ich das hier einschätze, hat er bestimmt eine Riesenkinderschar.

Diese Götter haben allein oder zu zweit jeweils ein Haus und in dem Haus stehen sie in Glasvitrinen oder sind an die Wand gemalt. Ein uralter, winzig kleiner Mann hat mich durch diese Häuser geführt, hat mir die Götter erklärt und einmal auch ein langes Gebet vorgesungen. Die Häuser selber haben kugelige Dächer und sind rundum ganz bunt bemalt, mit sehr leuchtenden Farben, wie Kinderspielzeug.

Das scheinen überhaupt alle Götter gern zu mögen, dass die Menschen sich wie ihre Kinder fühlen, und sie sind dann die Väter. Nun haben aber die Menschen ja entweder ohnehin richtige Väter, oder sie haben selber Kinder, sodass ich manchmal denke, dass die Götter eigentlich ein bisschen überflüssig sind. Aber vielleicht wollen viele Erwachsene immer noch weiterspielen wie Kinder und dann bauen sie bunte Häuser für ihre großen Puppengötter und denken sich Lieder für sie aus. Wenn sie viel Zeit zum Spielen und viel Lust dazu haben, spielen sie mit mehreren Göttern und bauen ihnen, wie hier, wo ich war, viele Häuser in einen schönen stillen Park hinein, in dem dann auch die Vögel noch ihre Lieder dazu singen können.

Mit dem uralten, winzig kleinen Mann neben mir in diesem Park kam ich mir vor, als hätte ich hinduistisch gegessen und träumte nun einen hinduistischen Traum. Das ist hier schon eine sehr merkwürdige Insel, das muss ich sagen. Aber ich bin ja auch bloß ein Gast hier.

12. Brief

Der Nichtstag

Neulich in der Nacht hatte ich gar nichts geträumt oder ich konnte mich an gar nichts mehr erinnern. Das kommt aber auf dasselbe heraus. Dann wachte ich einfach auf, wegen gar nichts, und dann kam – *der Nichtstag*. Erst mal schien die Sonne nicht, aber es regnete auch nicht, das muss ich zugeben, es war sogar furchtbar warm. Dann kam mein Freund Jowaheer nicht. Darin ist er überhaupt ganz groß, im Nichtkommen. Wenn ich sage: Lieber Jowaheer, komm doch bitte um neun, dann kann ich um neun ruhig noch einen langen Brief anfangen. Irgendwann kommt Jowaheer dann, das ist sicher, aber erst mal kommt er nicht, das ist auch sicher.

An dem Morgen hab ich aber keinen Brief geschrieben. Ich hab einfach nichts gemacht. Das heißt, ich hab gegessen, etwas getrunken und geraucht, ganz gar nichts machen kann man, glaub ich, überhaupt nicht.

Manchmal fahren weit draußen auf dem Meer große Schiffe vorbei, die hier im großen Hafen der Hauptstadt waren und etwas Reis gebracht haben und Zucker wieder mitnehmen, zum Beispiel nach Indien. An diesem Tag kam kein Schiff vorbei.

Dafür kam dann mein Freund Jowaheer. Er grinst in solchen Fällen immer, sagt aber kein einziges Wort darüber, dass er zu spät gekommen ist. Ich sage auch nichts darüber, und um ihm zu zeigen, dass ich mindestens so viel Geduld habe, wie er Verspätung hat, lade ich ihn zu einem Glas Saft ein; denn das Biertrinken hat sein Freund Allah ihm ja verboten.

Als er den Saft getrunken hatte an diesem Tag, sind wir ganz langsam aufgebrochen. Wir wollten zu der Hirschinsel, von der ich ja vermute, dass kein einziger Hirsch auf ihr ist.

Kaum waren wir losgefahren, da fing es entsetzlich zu schütten an. Es wollte offenbar überhaupt nicht mehr aufhören. Immer wenn es regnet und ich sage: Es regnet, sagt mein Freund Jowaheer: *That's good for the sugar cane*, und das heißt auf Deutsch: Das tut dem Zuckerrohr gut. An diesem Tag hab ich aber nichts gesagt und daraufhin hat er gesagt: Jetzt wäre es allmählich genug für das *sugar cane*.

Nach zwei Stunden waren wir bei der Insel, aber wir sind nicht hingekommen, denn es regnete so, dass wir im Boot, das uns wahrscheinlich auch gar nicht gefahren hätte, abscheulich nass geworden wären.

Stattdessen haben wir uns in die Kneipe am Ufer gesetzt und nichts getan, das heißt, wir haben etwas getrunken und dann etwas gegessen. Die Kellner, die meistens ganz jung sind, haben hier überall die Angewohnheit, alles fallen zu lassen: Brötchen, Gläser, Messer, Gabeln, Löffel. Bloß Teelöffel lassen sie selten fallen, weil es hier, so komisch das klingt, nur ganz wenige Teelöffel gibt. Ich vermute, dass irgendwann einmal ein großes Schiff untergegangen ist, das Teelöffel nach Mauritius bringen sollte. Alles andere sonst lassen die jungen Kellner hier aber fallen, das scheint ein richtiger Sport zu sein, und da es überall viele Kellner gibt, fällt immerzu irgendetwas runter.

Als sie genug fallen gelassen hatten, sind wir, weil es immer noch regnete, wieder umgekehrt und ins Hotel zurückgefahren. Da regnete es dann nicht mehr.

Am Nachmittag habe ich Zeitungen gelesen. Es gibt hier acht oder neun verschiedene Zeitungen, drei davon sind gut, die andern taugen nichts. An diesem Tag taugten aber auch die drei nichts, auf der Insel war wohl nichts passiert, und darüber, dass es regnet, schreiben sie hier nichts, ich glaube, sie genieren sich. Denn sie versprechen den Leuten immer, dass hier die Sonne scheint, und dann regnet es. Das ist zwar ganz gut für das *sugar cane*, weil das schön süß davon wird, aber die Leute wollen ja nicht süß werden, sondern braun.

Das ist zwar blöd von den Leuten, aber das können die Mauritianer ja schlecht in den Zeitungen schreiben, obwohl das egal wäre; denn die Leute, die braun werden wollen, lesen keine Zeitungen.

Das Essen in meinem Hotel schmeckt nach wie vor scheußlich, und deshalb bin ich abends zum Chinesen gegangen, das heißt, ich bin gefahren. Sonst fährt France mich immer, aber der war nicht da, also hab ich mir einen andern genommen. Bei dem lief leider, kurz vor dem Chinesen, der Motor nicht mehr, sodass ich dann gehen musste. Beim Chinesen wollte ich nach diesem ermüdenden Tag eine Languste essen, aber er hatte keine.

Die Kneipe des Chinesen kann ich mit den Sternen vergleichen: Ich weiß von beiden nur, wie sie nachts aussehen. Wie es um die Kneipe herum aussieht, davon hab ich keine Ahnung. Manchmal höre ich Wellen, also nehme ich an, dass die Kneipe des Chinesen am Meer liegt. Und irgendwie an einer Straße natürlich, sonst käme ich ja nicht hin, selbst nicht ohne Auto.

Nach dem Essen hab ich mir wieder ein Taxi genommen und bin in die Hauptstadt gefahren, zu einem andern Chinesen, der dort ein Spielkasino hat. Da sieht es ganz bunt aus und es stehen Tische herum mit Mustern, Zahlen und Buchstaben darauf. An diesen Tischen kann man verschiedene Arten von Würfelspielen spielen. Auf irgendein Feld auf dem Tisch legt man einen Geldschein, dann würfelt ein Chinese mit einem oder mit drei Würfeln, und wenn er gewürfelt hat, was man geglaubt hatte, dass er würfeln würde, dann hat man gewonnen. Der Chinese hofft natürlich, dass man was Falsches geglaubt hatte, sonst würde er das Würfeln ja schon längst aufgegeben haben. Bei mir war er an diesem Tag mit seiner Hoffnung genau an den Richtigen geraten: Ich hatte noch gar nicht so richtig angefangen mit dem Spielen, da hatte ich schon alles verloren, was ich zum Spielen mitgenommen hatte.

Also bin ich wieder ins Hotel gefahren, und unterwegs hab ich die Sache gesehen, die ich mit dem Chinesen vergleiche, der keine Langusten hatte, nämlich die Sterne. Wenn ich im Hotel bin, dachte ich mir, werde ich an den Strand gehen und mir die Sterne anschauen. Kaum war ich am Strand, da waren die Sterne weg, einfach verschwunden, und ich sah nichts. Es waren sicher einfach Wolken am Himmel aufgezogen, aber wenn es stockdunkel ist, sieht man ja auch die Wolken nicht. Man sieht eben einfach nichts.

Da hab ich mich an die Bar gesetzt und über nichts nachgedacht. Das ist gar nicht einfach, denn wenn man über nichts nachdenkt, hat man ja wirklich nur ganz wenig zum drüber Nachdenken. Besser gesagt, hat man gar nichts zum drüber Nachdenken, wenn man über nichts nachdenken will, und das ist natürlich furchtbar anstrengend.

Als ich die Welt fast leer gedacht hatte, fiel mir noch der Mond ein, der auch nicht am Himmel war, und ich sagte: Du alter Mond, bleib ruhig weg, du bist auch nichts als ein Stein, der zum Glück so weit oben ist, dass er nicht runterfällt.

Mein Kopf war auch ganz leer, da hab ich dann Bier getrunken, aber es kam beim Biertrinken, wie es ja gar nicht anders kommen konnte an so einem Tag: Kaum hatte ich das Bier getrunken, da war im Glas schon wieder nichts mehr. Das wäre wahrscheinlich ewig so weitergegangen, aber ich hab dann einfach aufgehört. Sie machten dann an der Bar auch zu und wollten einem nichts mehr zu trinken geben.

Irgendwie war ich auch ganz müde. Also bin ich, mit nichts an, ins Bett gegangen. Was weiter war, weiß ich nicht, ich bin wohl gleich eingeschlafen. Wenn man die ganze Welt leer gedacht hat, hat man ja wirklich etwas Schlaf verdient.

Im Traum hat mir dann irgendwer geflüstert, dass die Welt doch nicht leer ist und dass ich am Morgen entdecken würde, dass alles noch da ist. Es war dann auch so.

13. Brief

Der Dörfertag:
Der Marlin · Das Dorf der Inder · Namen · Der verlorene
Friedhof · Der Dichter · Das runde Tal · Sterne

Meine Freunde, die hier auf der Insel wohnen, heißen Nicole und Cyril. Sie wohnen im Süden der Insel, Jowaheer hat mich neulich zu ihnen gebracht und dann kam – *der Dörfertag.*

Nicole und Cyril haben mich in ihr Auto gesetzt und wir sind auf eine neue Entdeckungsreise gefahren. Zunächst sind wir zu einem Anglerklub gekommen am Meer. An der Wand hängt da ein ausgestopfter Riesenfisch, der, als er noch lebte, über zwei Zentner wog. Er heißt Marlin und ist mindestens zwei Meter lang, den langen Dorn nicht mitgerechnet, den er vorn am Kopf hat und der sicher sehr gefährlich sein kann. Der Marlin greift aber niemals Menschen an, sondern frisst kleine Fische und ist wahrscheinlich ein lieber Kerl. Er ist schwer zu fangen, aber die Leute, die sonst wohl nicht viel im Kopf haben, versuchen es halt immer wieder, und manchmal erwischen sie leider einen.

Dann ging es in die Berge hinein, sodass wir die herrlichsten Aussichten über das Land und auf das Meer hatten, und dann wieder hinab in ein prächtig grünes Land. Hier, im wärmsten Teil der Insel, liegt mitten in dem Grün ein kleines Dorf, das Chamarel heißt. Dort wohnen nur Inder. Überall stehen große Schatten gebende Bäume, Feigenbäume, Kokospalmen und, was es sonst auf der Insel nirgends gibt, Kaffeebäume oder -sträucher mit dunkelgrünen glänzenden Blättern. Hier pflanzen die Leute auch Ingwer und Mangofrüchte an. An den Straßenrändern grasen Ziegen, die dunkelbraun oder schwarz sind und vor allem ganz klein, höchstens so groß wie ein

Stuhlsitz. Das Dorf mitten im Grün und mit dem vielen Grün mittendrin lag da im strahlenden Sonnenschein, unberührt von der ganzen Welt, als wenn die Berge ringsum es beschützten.

Dann sind wir weitergefahren, an die Südküste, an der es Orte mit Namen gibt wie Benares zum Beispiel. Das ist überhaupt so lustig hier, dass man an den Namen der Orte erkennen kann, welche Leute zuerst das Land um diese Orte herum besiedelt, die Orte gebaut und ihnen dann Namen gegeben haben. In einem Teil der Insel gibt es eine Landstraße, an der Dörfer liegen, die Moka, Bambous und Medine heißen. Das sind arabische Namen von Leuten, die als Seeräuber hierher kamen und dann hiergeblieben sind. Der Ort Benares wieder heißt nach einer großen indischen Stadt.

Dann gibt es, weil die Franzosen hier lange Zeit die Bestimmer waren, sehr viele französische Namen. Nach den Franzosen waren die Engländer die Bestimmer, und da die Franzosen nicht alle Teile der Insel besiedelt hatten, haben nun die Teile, in denen sich die Engländer zuerst niederließen, englische Namen. Ein hoher Berg hier hat in Erinnerung an die allerersten Leute hier sogar einen holländischen Namen. Man begreift das alles natürlich erst so ganz allmählich.

Einen Ort gibt es an der Südküste, der heißt Souillac. Hier ist das Ufer sehr steil, der Ort liegt auf der Höhe. Von dieser Höhe schaut man auf das Wasser einer kleinen Meeresbucht hinab, und auf der andern Seite der Bucht, ganz am Ende des Landes, wie auf einer Halbinsel, ohne steiles Ufer, zum Wasser hinabgehend, liegt ein Friedhof, aus der Ferne sieht man Grabsteine und Kreuze, nicht in Reihen, sondern einfach so, alles ohne Schatten in der Sonne, baumlos, und dahinter, weil es an dieser Stelle vor dem Land kein Korallenriff gibt, sieht man die großen Wellen des Ozeans kommen mit den breiten weißen Schaumkronen.

Ehe vor zwanzig Jahren der gewaltige Sturm kam, dem die Leute den Namen Carol gegeben hatten, stand der Friedhof voller Kokospalmen. Dann kam der Sturm und warf die Wellen hoch aufs Land hinauf, und am nächsten Morgen waren alle Kokospalmen weg und die Grabsteine und Kreuze lagen durcheinander gewirbelt auf dem Strand. Man hat sie dann wieder aufgestellt, aber der Friedhof ist ganz fremdartig geblieben, sonderbar einsam. Er scheint gar nicht in das grüne Land zu passen, ich hatte aber das Gefühl, jetzt überhaupt erst zu begreifen, was es heißt, dass dieses Land hier so mitten im weiten Ozean liegt.

Oben auf der Anhöhe, von der aus man den Friedhof sieht, hat ein Dichter sich ein Haus gebaut. Von dort hat er immer hinübergeschaut, über die Bucht auf den Friedhof und auf das Meer dahinter, und er hat sicher wie ich gedacht, dass dies einer der schönsten Plätze der Insel ist. Beim Hinüberschauen ist er dann alt und immer älter geworden und nun liegt er seit fünfzehn Jahren auf dem schönen einsamen Friedhof begraben. Vielleicht hat er gehofft, dass einmal ein Schriftsteller aus dem alten Europa kommt und den Leuten das alles erzählt.

Am Meer entlang sind wir weitergefahren, haben am Meer gegessen, dann bei Nicole und Cyril Tee getrunken und sind weitergefahren bis an den Rand der Hauptstadt. Dort liegt, am Fuß der großen Berge, ein fast rundes Tal, in dem eine schmale Straße, die ein wenig auf und ab geht, einen großen Kreis macht. Kein Tourist kennt dieses Tal, es ist dort ganz still. Von den Bergen kommen ganz viele kleine Bäche herab, alles wächst hier. Unter kleinen Brückchen hindurch laufen die Bäche in der Mitte des Tals zusammen. Das ganze Tal ist mit Bäumen bestanden. Wenn man dann zur Bergseite hinschaut, wo das Land zunächst sacht bergan geht, sieht man zwischen den Bäumen überall kleine Häuser stehen, an den Bächen unter den Bäumen waschen braune Mädchen Wäsche, und Männer spielen mit ihren kleinen Kindern an den Bächen und im Wasser. Dazwischen laufen wieder diese kleinen Ziegen herum.

Ich hab noch nie etwas so Friedliches gesehen. Das sieht aus, als ob die Menschen hier einmal beschlossen hätten, nicht immer die Bestimmer über alles zu sein, sondern einfach mit allem ruhig zusammenzuleben. Wenn man ins Tal hineinkommt, sieht man nichts von ihnen, man würde gar nicht auf den Gedanken kommen, dass hier so viele Leute leben. Man ist aber auch nicht erstaunt, wenn man sie dann sieht. Sie leben so selbstverständlich hier, dass man wirklich glaubt, sie gehören hierher, auf diese ruhige Weise.

Bis zu meinem Hotel hin hab ich kein Wort reden können. Wir haben uns dann auf die Terrasse gesetzt, etwas getrunken, den Sonnenuntergang angeschaut, und wie es dann dunkel wurde und die Sterne kamen, haben wir geplaudert, so, als ob wir selbst nach alledem, was wir gesehen hatten, ein bisschen friedlicher geworden wären.

Es gibt hier natürlich auch einen andern Sternhimmel als bei uns. Viele Sterne und Sternbilder kennt man überhaupt nicht, ich hab bis jetzt auch noch niemanden gefunden, der sie mir erklärt hätte. Die Sterne strahlen und leuchten aber herrlich, auch wenn sie für mich noch keine Namen haben. Namen verändern natürlich nicht viel, aber ein bisschen verändern sie doch. Vielleicht verändern sie einen selber bloß, sodass man etwas anders hinguckt, wenn man den Namen weiß. Aber wenn man anders hinguckt, sehen ja auch die Sachen anders aus. Wir müssen darüber noch einmal nachdenken.

Vielleicht würde man auch die Leute, die immer diese Sterne über sich haben, anders angucken, wenn man wüsste, was für Namen sie selber für die Sterne haben. Ich will mal sehen, ob ich einen finde, der mir darüber etwas erzählen kann.

14. Brief

Der Bergmorgen:
Das kaputte Flugzeug · Der Urwald
Auf dem Berg · Jowaheers Tee · Im Restaurant
Das große Haus · Herr Duval

Am Schluss wollte ich mir die Insel noch einmal von oben anschauen und ein Weilchen mit einem Flugzeug über ihr spazieren fahren. Sie haben hier auch ein Flugzeug, ein kleines, aber das war ein paar Wochen vorher kaputtgegangen und noch nicht wieder repariert worden. Und sie haben nur dieses eine kleine Flugzeug, weil ein kleines Flugzeug sich auf der Insel eigentlich gar nicht lohnt. Denn ein solches Flugzeug ist zu klein, um damit auf andre größere Inseln oder aufs Festland zu kommen, und die Insel wiederum, so viel man auf ihr auch mit dem Auto herumfahren kann, ist doch so klein, dass man mit einem Flugzeug, auch einem kleinen, immer gleich wieder am Meer wäre.

Also musste ich's anders machen und so kam dann – *der Bergmorgen.*

Um halb sechs bin ich auf, um halb sieben kam der Driver, um halb acht, auf dem Weg, jointe uns der Guide – so wie ich hier Deutsch und Englisch mische, vermengten wir dort Französisch und Englisch. Um halb neun sind wir auf den Berg, den höchsten der Insel, den Berg über dem Schwarzen Fluss.

Wir sind einen Pfad durch den Wald gegangen, einen sehr schmalen Pfad, der am Rand mit Pflanzen und Gräsern bewachsen ist, die ungefähr bis zum Hintern reichen und sich oben von beiden Seiten berühren, sodass man den Pfad unten eigentlich gar nicht sieht. Der Pfad ist aber voller Baumwurzeln, umgekippter Bäume, kleiner Hügel, Senken, Löcher und Steine, man muss höllisch aufpassen.

Außerdem hatte es frühmorgens geregnet, alles troff von Wasser, und nach zehn Minuten waren wir, der Guide und ich, von unten bis zum Hintern klatschnass. Da es auch an den Tagen vorher schon ordentlich geregnet hatte, war der Boden ungeheuer glitschig; wenn es hinauf- oder hinabging, musste man sich an den kleinen Bäumen am Wegrand oder an Zweigen festhalten. Nun gibt es in einem solchen Wald, der, mit unserm Wald verglichen, eher schon ein kleiner Urwald ist, viele Dornengewächse, sodass meine Arme und Hände bald voller Schrammen und Risse waren.

Ab und zu schrien in der Nähe irgendwelche unsichtbaren Vögel, Falter flatterten manchmal über den Weg, ein paar nasse Frösche hüpften herum, und wenn es seitwärts einmal besonders rumorte, dann war das eins von den Wildschweinen, die in die Wegränder große Löcher gehauen haben, damit sie an die Baumwurzeln herankommen. Wie fast alles hier, so sind auch diese Wildschweine ganz klein, so klein, dass man sie fast gar nicht sieht.

Da die Berge auch ziemlich klein sind und wir ganz schön schnell gingen, waren wir nach anderthalb Stunden fast oben, dann kamen bloß noch zwanzig Meter, aber entsetzlich steil hoch, man muss sich da an stärkeren Zweigen oder Strauchwurzeln hochziehen und gucken, wo man einen kleinen Tritt für den Fuß findet.

Aber dann waren wir oben und sahen fast die ganze Insel. Unter uns lag im Grünen das schöne Dorf mit den Kaffeebäumen, auf der andern Seite die Schlucht, in der ich die weißen Vögel hatte schweben sehen. Die umschwebten jetzt auch langsam unsern Berg.

Hinter der Schlucht breitete sich das weite Hochland aus mit dem Hügel in der Mitte, in dem sich unten drin das schwarze Wasser gekräuselt hatte, und mit den Bergen ringsherum, und auf dem einen standen wir.

Drei oder vier Seen leuchteten in der Sonne, den in der Tiefe, in dem die Leute gebetet hatten, konnten wir nicht sehen, er war zu weit weg dafür, dass er auch noch in so einem alten Krater liegt.

Das Meer sahen wir auch überall, und an den Bergen sahen wir Wölkchen entstehen, weil die Sonne, die allmählich heiß wurde, die Feuchtigkeit der Wälder verdampfte.

Allein wäre ich dann die oberen zwanzig Meter sicher nicht herabgekommen, zumal der Boden so abscheulich glitschig war. Aber der Guide kletterte voraus, und wenn es ein bisschen gefährlich wurde, streckte er mir seinen Arm hin, der mindestens so stark und sicher war wie ein kleiner Baum.

Dann ging es anderthalb Stunden wieder zurück.

Weil es mittlerweile sehr warm geworden war, schien die ganze Welt zu dampfen, zumal kein Wind in den Wald hineinkam, außer vielleicht solch ein gewaltiger Sturm; aber auch der kommt wohl nicht in den Wald hinein, sondern schmeißt ihn einfach um.

Ich war natürlich auch schon ein bisschen müde geworden, und als ich dann bis über die Knie verdreckt wie ein Puddelkind und oben ganz verschwitzt und sonst ziemlich verschrammt aus dem Wald auf die Straße torkelte und zum Guide sagte, jetzt wäre mir nichts lieber als eine Kanne voll heißem Tee, kam mein Freund Jowaheer angefahren, brachte grinsend einen großen Korb an und servierte uns im Schatten eines Baumes aus richtigen Porzellantassen heißen Tee mit Milch. Das war ein herrliches Ausruhefest nach dem Berg und auch ein bisschen etwas wie ein Traum.

Bald kriegte ich einen Mordshunger, und nachdem wir den Guide zu seinem Haus gebracht hatten, bin ich, scheußlich wie ich aussah und mit furchtbar verwilderten Haaren obendrein, ins beste Restaurant der Hauptstadt zum Essen gegangen. Sie haben meinem Freund Jowaheer und mir auch ohne weiteres etwas gegeben.

Am Nebentisch saß ein ganz fein gekleideter Mann mit noch drei andern auch sauber und schön angezogenen Männer. Der Mann da, sagte Jowaheer, ist Monsieur Duval. Monsieur

Duval ist ein sehr reicher Mann, ein Rechtsanwalt, der Bürgermeister der schönen Stadt auf der Hochebene und ein berühmter Politiker in Mauritius. Als er gehen wollte, bin ich aufgestanden, zu ihm hingegangen und hab gesagt: Bonjour, Monsieur Duval, ich wollte schon längst mit Ihnen sprechen.

Erst hat er mich angeguckt, als wenn ich ein Räuber wäre oder gerade aus der Mülltonne käme. Ich hab gesagt: Ich bin ein Schriftsteller aus dem alten Deutschland, da muss ich doch wirklich mit Ihnen sprechen, finden Sie nicht auch? Das hat ihm schnell eingeleuchtet und gegen Abend hat Jowaheer mich dann zu ihm hingefahren.

Sein Haus steht am Meer, auf einer kleinen Anhöhe, und ist aus Stein und Holz und Bambus gebaut. Auf Rasen geht man zu einem riesigen Tor hinauf, und wenn es geöffnet wird, steht man in einem hohen Raum. In der Mitte, unter dem spitzen Dach, steht ein riesig langer Tisch, an dem auf bequemen Bänken fünfundzwanzig Leute zum Essen Platz haben. Daneben, an den Fenstern und an den Enden des Saals stehen noch große runde Tische mit Sesseln, da können noch einmal vierzig Leute sehr gut sitzen. Dazwischen ist Platz für riesige Schränke, für herrliche große Vasen, und man kann auch in Gruppen noch herumstehen.

Barfüßige Knaben laufen umher und bringen einem, was man haben möchte, Whisky zum Beispiel. Durch offene Türen kann man in schöne andre Räume sehen. Alle Türen nach draußen waren offen, vor den Fenstern ist ein Rasen mit vielen Sesseln, da haben wir gesessen und geplaudert, Duval, ein paar Freunde und ich.

Mein Koch ist leider krank, sagte der reiche Herr Duval, aber ich habe ein Huhn und etwas Salat und Reis und Wein, bleibt doch zum Essen! Und so haben wir dann einen Abend lang gegessen, getrunken, geraucht und viel gelacht in diesem schönsten aller Säle in Mauritius.

Herr Duval ist ein Mann, der mir sehr gefallen hat, nicht, weil er so reich ist, sondern weil man ihm immer anmerkt, dass er genau das tut, was er will, ganz gleich, was die Leute denken. Zum Glück will er keine bösen Sachen, aber auch so muss er sich sehr frei fühlen. Er macht auch ganz wilde Scherze, und wenn die Leute etwas dagegen sagen, sagt er einfach: Was wollt ihr denn, ich bin doch der Herr Duval, ich bin doch frei, ich kann doch machen, was ich will, oder?

Am nächsten Tag hab ich dem schönen Mauritius Ade gesagt, mich von meinem Freund Jowaheer verabschiedet und bin nach Tahiti weitergeflogen.

TAHITI UND TETIAROA

15. Brief

Über Australien und Neuseeland nach Tahiti
Zwei Tage an einem und einen zurück · Das Rasen
durch die Zeit · Die dicken Mädchen

Verdammt, ich bin wieder zu viel in diesen großen Flie-
gern gehockt. Dies ist schon mein dritter Tag hier, aber
jetzt zum ersten Mal fühle ich mich wieder richtig abenteu-
erlustig. Genug geschlafen hab ich scheint's auch; denn gestern hab ich lange nach Mitternacht noch hier im Hotelgarten gesessen und sitze nun seit halb sieben am Morgen schon
wieder da.

Es ist warm, so warm wie gestern Abend, um die Spitzen
des hohen Berges der Insel stehen Wolken, die Sonne hat
große Mühe.

Am Donnerstag, bei Sonnenuntergang, bin ich von Mauri-
tius weggeflogen, sechseinhalb Stunden lang übers Meer, der
Sonne wieder entgegen. Dann sind wir auf dem nächsten
Erdteil gelandet, auf Australien, und zwar in Perth. Es hätte
ungefähr ein Uhr nachts sein müssen, aber weil wir der
Sonne so weit entgegengeflogen waren, mussten wir vier
Stunden dazurechnen, und so war es fünf Uhr morgens.

Dann ging es dreieinhalb Stunden lang weiter, nach Osten.
Die Sonne kam, braunes Land tauchte unten auf, wie gespren-
kelt mit Löchern, in denen Wasser glänzte. Zwischendurch
ging es ein Stück übers Meer, das Wasser war gerade noch
dunkel, aber dann, als die Sonne es streifte, glänzte es, als
wäre die Welt mit Goldpapier belegt, und auf das Gold warfen weiße Wölkchen, die über dem Wasser standen, lange
blaue Schatten.

Auf dem Land dann wieder floss ganz lange unter uns auf
einem Streifen, der dunkel von Gebüsch und Wald war, ein

großer Schlängelfluss durch das braune Land, ein abenteuerlich geschlängelter und in der Sonne silberglänzender Fluss, in den überall kleine Flüsse mündeten, die genauso geschlängelt durch dunkle Steifen silbrig ankamen, wie Schlangenkinder.

Über grünen Bergen an der Ostküste Australiens mussten wir ein Weilchen kreisen, sie wollten uns wohl in Sydney noch nicht haben. Das Kreisen macht Spaß. Das Flugzeug scheint es mit einem Mal gar nicht mehr eilig zu haben, leise segelt es in Schleifen durch die Luft, fliegt sozusagen spazieren über den grünen Bergen.

In Sydney war es auf unsern Uhren halb zehn, aber da die Uhren in Sydney wieder anders gingen, war es bald Mittag. Wenn die Uhren in Sydney so gingen wie bei uns etwa, dann müssten die Leute dort frühmorgens ins Bett gehen, weil es dunkel wird, und abends wieder aufstehn, oder sie müssten halt in Kauf nehmen, dass die Sonne nachts scheint und sie bei Sternenlicht die Rinder hüten. Das möchten sie natürlich nicht, und deshalb stellen sie die Uhren anders, was ja auch ziemlich bequem ist.

Auf dem Flugplatz von Sydney hab ich mich ein paar Stunden lang in die Bar gehockt, denn es ging erst bei Sonnenuntergang weiter, zweieinhalb Stunden lang wieder über das Meer, nach Auckland auf den Inseln von Neuseeland. Nach einer kleinen Verspätung ging es wieder weiter, wieder über das Meer, über den Pazifischen Ozean. Wir hätten jetzt fünf Stunden fliegen müssen, haben aber eine halbe Stunde gespart, weil die große Luftströmung, die in zehntausend Meter Höhe geht, uns mit sich nahm.

Der Mond schien und beleuchtete an meiner Seite den langen Flügel des Flugzeugs, der sich gegen das Schwarz unten und am Himmel nun seltsam glänzend abhob wie eine fahrende Stahlbrücke zwischen der Erde und dem Himmel, wie ein ruhig sausendes schönes Ungeheuer, dem keiner etwas anhaben kann.

Dann ging in der Ferne die Sonne auf, unten war es noch dunkel. Wenn man da oben fliegt und die Sonne sieht, die die Leute unten noch nicht sehen, dann sehen sie oben über sich, wie ein Vorzeichen der Sonne, das blitzende Boot vorbeiziehen, in dem ich saß und die Sonne schon sah.

Weil wir schon wieder vier Stunden dazurechnen mussten, landeten wir kurz nach sechs in Tahiti. Ich war fast dreißig Stunden unterwegs gewesen, das ist viel, aber nicht viel mehr als ein Tag, und doch hatte ich an diesem einen Tag die Sonne zweimal untergehn und zweimal wieder aufgehn sehen. Das ist wirklich eine heidnische Verwirrung: Am Donnerstagabend war ich losgeflogen, am Freitagmorgen war die Sonne über Australien auf- und am Freitagabend wieder untergegangen, und Samstagmorgen hätte es sein müssen, als sie nun über Tahiti wieder aufging. In Tahiti war aber Freitagmorgen. Freitagabend war ich in Australien weggeflogen, Freitagmorgen kam ich auf Tahiti an.

Das war merkwürdig, aber andrerseits war es auch wieder gerecht. Ich hatte an einem Tag die Sonne zweimal auf- und zweimal untergehn sehen. Das ist viel für einen Tag, wenn man auf diese Weise zwei Tage erlebt, aber wenn man an einem Tag zwei Tage erlebt, dann kann natürlich jeder dieser beiden Tage nur einen halben Tag lang gewesen sein. Die andern beiden halben Tage waren mir einfach entgangen, gerade, als wären sie mir geklaut worden. So geht das natürlich nicht, und so kriegte ich wegen der Gerechtigkeit die zwei halben Tage dann hinterher wieder, und deshalb ging der Freitag noch einmal von vorn los.

Das mit der Gerechtigkeit ist irgendwie noch keine richtige Erklärung. Aber man muss bedenken, dass die Erde sich dreht – vielleicht geht's dann besser. Sie dreht sich also, und überall geht irgendwann die Sonne auf, Tag und Nacht, denn nirgendwo ist die Sonne schließlich immer. Also ist es überall mal sieben Uhr morgens, und wenn man einen Tag lang mit der Sonne mitfliegen würde und würde um sieben Uhr morgens losfliegen, würde man einen Tag lang die ganze Welt um sieben Uhr morgens erleben.

Nun kann man sich ebenso leicht ausmalen, dass man der Sonne entgegenfliegt, und zwar so schnell, dass man in einer Viertelstunde um die ganze Welt rast und also um Viertel nach sieben wieder zu Hause ist. Wenn man halb um die Erde herum wäre, dann wäre die Sonne da schon einen halben Tag lang weg, es wäre sieben Uhr abends, es würde noch dunkler werden, es würde Nacht werden, der nächste Morgen käme, der nächste Tag, man hätte einen ganzen Tag in einer Viertelstunde gesehen, wenn man so um die Welt herumgerast wäre und wiederkäme. Und natürlich dürfte dann nicht nach einer Viertelstunde am selben Ort, an dem man losgefahren ist, schon der nächste Tag sein, das wäre ja Wahnsinn, denn wenn man so weitermachte, könnte man jeden vierten Tag seinen Geburtstag feiern und an die achttausend Jahre alt werden.

Deshalb hat man sich auf der andern Seite der Welt, kurz vor Tahiti, eine Grenze gedacht, und wer die überschreitet, muss wieder einen Tag zurück. Das ist zwar ein Trick, aber auf die Weise hat alles seine Ordnung. Gott hat sich natürlich nicht an diesen Trick gehalten, ist mächtig herumgesaust, weil er immer überall sein wollte, und er hat's auf die Weise dann geschafft und ist wirklich ein paar tausend Jahre alt geworden.

Ich, wie gesagt, hatte meinen verlorenen Tag nun wiedergekriegt, hatte aber dann nicht viel davon: Denn weil ich so müde war, hab ich ihn fast ganz verschlafen. Abends bin ich aufgewacht, hab gegessen und getrunken und mir beim Trinken fünf Frauen von hier angeschaut, die zu einer für meine Ohren etwas sonderbaren Musik tanzten, wobei sie in der Hauptsache ihre braunen Bäuche schwenkten und drehten.

Dann bin ich wieder ins Bett gegangen, wieder aufgestanden, dann war gestern. Gestern hab ich mir die Stadt Papeete angeschaut, das Meer, den Hafen, hab Unmengen Tee getrunken, bei einem Chinesen gegessen, einen Mittagsschlaf gemacht, und dann bin ich spätabends in ein schönes Restaurant gefahren, in dem große Ventilatoren sich drehten und alle Türen offen standen, und hab neben einem kleinen Plätscherbrunnen auf der anderen Seite der Welt Kaviar und Fisch gegessen und Wein getrunken, während du am nächsten Tag schon Hunger aufs Mittagessen hattest.

Und danach, weil alles so schön war, hab ich mich, wie gesagt, noch in den Hotelgarten gesetzt. Und jetzt, wie gesagt, sitze ich morgens schon eine Weile wieder im Garten und die Sonne hat es endlich geschafft und ist durch die Wolken gekommen.

Die Mädchen, die hier bedienen, haben rotweiße Kleider mit verschiedenen Mustern an, sind fast alle dick, als würde das hier für besonders schön gelten, haben meistens krumme Beine, gehen ganz langsam und schlurfen dabei, und wenn sie zusammenstehen, kichern sie. Sie haben breite Nasen, einen breiten Mund, eine weiße oder rote Blume an der Seite in ihrem schwarzen Haar und sind sehr freundlich.

Sehr viel mehr weiß ich bis jetzt noch nicht, bestimmt gibt's auf der Insel auch ganz andre Mädchen, ich meine in der Stadt auch schon welche gesehen zu haben, aber hier im Hotel sind sie so. Ab Mittag soll hier im Hotel ein tahitisches Fest sein, der dicke Gott dieser Mädchen mag wissen, wie das geht.

Übrigens sind auch die jungen Männer ziemlich dick. Und gerade kommen zwei blassgesichtige Menschen zum Frühstück, die auch ganz dick sind. Ich bin wirklich gespannt.

16. Brief

Oben über Tahiti · Über Moorea · Im Restaurant
Der Dschungelberg · Geheimnisvolle Namen

Ich hab das tahitische Fest nicht mitgemacht. Sie kommen nämlich da an und stecken einem Blumen ins Haar, und das, dachte ich, ist nichts für meine grauen Haare. Außerdem war ich schrecklich müde und da hab ich dann lieber den Sonntag verschlafen.

Gestern hab ich etwas gemacht, was ich sonst auch nicht tun würde. Ich bin zum Flugplatz gefahren und hab gesagt: Ich will ein kleines Flugzeug haben, jetzt, das mich hier über die Gegend fliegt. Okay, haben sie gesagt, und dann bin ich in ein kleines Flugzeug eingestiegen, so klein, dass nur zwei Leute Platz haben, und auch die kaum, und dann ging es los.

In fünfhundert Meter Höhe, das ist so hoch, dass man die Leute unten noch sehr gut sehen kann, wie sie liegen, sitzen oder baden, sind wir oben um Tahiti herumgeflogen, über die Mündungen der unzähligen kleinen Flüsse, über die Korallenriffe, über die unzähligen kleinen Hügel.

Tahiti ist so gebaut, dass es in der Mitte den riesigen alten Vulkan hat, und von dort gehen – wie lauter kleine Rücken – Hügel abwärts zum Meer. An drei oder vier Stellen sind Flussbetten sehr tief in den Berg eingeschnitten, man muss dort unter Palmen sehr angenehm und behaglich spazieren gehen können. Am lustigsten sehen die Palmen von oben aus, wie Pflanzen, die auf einem Stängel lange Blätter nach allen Seiten kreisrund ausschicken.

Wir wollten auch über die Insel hinwegfliegen, über den großen Berg, aber das ging nicht wegen der vielen Wolken da oben im Berg. So haben wir den Berg also bloß umrundet und sind dann aufs Meer hinausgeflogen, zur nächsten Insel, die Moorea heißt. Moorea sieht aus wie ein großer Pferdesattel, mit wunderbaren Zackenbergen als Rückenlehne, mit einem schönen Berg zwischen den Beinen, und dort, wo die Beine herunterhängen würden, mit zwei langen und sehr tiefen Buchten. Da könnte sehr gut der alte Gott dieser Insel gethront haben.

Von oben kann man schön die Korallenriffe studieren, die wie ein Kranz um die Insel liegen. Außen ist das Wasser tiefblau, dann kommt das Riff, auf dem es weiß schäumt, und dann bis zum Ufer hin die grüne Lagune, braun gefleckt und überall dort, wo Korallenpflanzen bis dicht an die Oberfläche stehen. An manchen Stellen hat das Riff sozusagen Eingänge, da geht das Blau dann wie eine Straße durch das Grün bis nah ans Ufer und die Boote können ein- und ausfahren.

Ich denke mir, dass die alten Segelschifffahrer das auch alles gesehen haben werden, wenn sie die Eingänge zu den Inseln suchten; denn sie hatten auf ihren Schiffen ja sehr hohe Masten, und wenn ein Junge da oben stand, konnte er das Grün und Braun und Blau sicher gut unterscheiden.

Dann sind wir über das Meer wieder zurückgeflogen und schön sanft auf Tahiti gelandet.

Abends bin ich in das Restaurant gegangen, in dem ich mittags Austern gegessen hatte, und hab dort wieder Austern gegessen.

In diesem Restaurant sind die Mädchen alle ganz schlank, haben lange rote Kleider an, auf die weiße Blumen und Muster gedruckt sind, und sehen alle wirklich wunderhübsch aus. Sie bewegen sich ruhig und leicht, gehen so selbstverständlich durch den Raum wie Wellen auf dem Wasser, und wenn sie lachen, muss man einfach mitlachen, das ist richtig ansteckend. Und sie lachen oft. Sie bringen einem zum Beispiel irgendwas, und dann lachen sie einen plötzlich unvermutet an, so, wie das bei uns keiner tun würde.

Man merkt, dass man ganz woanders ist als sonst. Ein alter kleiner lustiger Mann war dort, der hat alle Mädchen, die ihm etwas brachten, einfach umarmt und auf die Backen geküsst, und sie haben nicht etwa geschimpft, sondern einfach gelacht. Aber man muss wohl länger hier wohnen, ehe man sich so was traut.

Gleich kommt ein Taxi und fährt mich noch einmal auf der Straße um die Insel, und morgen früh steig ich wieder in ein kleines Flugzeug und flieg ein Stück weit auf eine klitzekleine Insel mitten im Meer und dort bleibe ich acht Tage lang und studiere alles ganz ruhig und langsam und gründlich.

Die Insel gehört einem Schauspieler, der Marlon Brando heißt und so nett ist, ein paar Leute auf seiner Insel wohnen zu lassen. Eigentlich darf man nur in Gruppen hinfliegen und eine Nacht bleiben, aber ich hab wieder gesagt: Ich bin ein Schriftsteller aus dem alten Deutschland, ich muss allein mit einem Flieger hin und acht Tage bleiben, ich hab auch genug Geld – und da haben sie gesagt: Ja, wenn das so ist, dann darfst du das machen. Und so geht es morgen also los.

Mit den Straßen hier, auf denen ich gleich fahren werde, ist es übrigens so, dass es im Grund nur diese eine gibt, die um die Insel herumgeht. Innen ist bloß der große Berg. Er ist zweitausend Meter hoch, man könnte also denken, dass man an einem Tag hinaufkommt und spätestens am nächsten wieder herunter. Aber ich habe mich erkundigt und es ist alles ganz anders.

Nämlich, es gibt da oben überhaupt keine Wege. Alles ist bewachsen wie im Dschungel und man muss sich mühsam einen eigenen Weg bahnen. An vielen Stellen im Berg sind Hütten, in denen man sich ausruhen und auch übernachten kann. Denn, um den Berg hinauf- und von ihm wieder herunterzukommen, braucht man tatsächlich eine ganze Woche, und man darf natürlich auch nur in den Berg, wenn man einen Guide hat.

Der Berg heißt übrigens Orohena, andere Gipfel heißen: Aovai, Te Tara O Maiao, Tetafere, Mouatamaiti, Aramaoro,

Mahutaa, Urufa, Punui. Die Berge auf der Insel Moorea, über die ich geflogen bin, heißen: Tohioa, Tautuapae, Tearai, Matatea, Fairurani. Und die vier kleinen Dörfer heißen dort: Afareaitu, Paopao, Papetoai und Haapiti. Das klingt alles herrlich geheimnisvoll, finde ich. Und auch uralt, so, als seien das die wirklichen, wahren Namen dieser Berge und Dörfer, die Namen, die die Menschen den Bergen und Dörfern abgelauscht haben. Das muss ungeheuer lange her sein, aber Namen und Wörter sind ja fast so ewig wie Berge und das Meer.

17. Brief

Auf der Höhe · Über das Entdecken · Flüsse ins Land
Der Maler und sein Land · Botanischer Garten
Lärm · Abend auf Tetiaroa

Gestern Morgen, mit einem kleinen Bus, kam Coco angefahren vor mein Hotel und wir haben die Insel umrundet. Er entpuppte sich als ein guter Guide, der mir schöne
Sachen zeigen konnte.

Gleich hinter Papeete, zwischen den Dörfchen Arue und
Mahina, liegt auf einem kleinen Hügel ein Hotel, an den
Hügel zum Meer hingeschmiegt, in lauter Terrassen. Von
oben hat man den schönsten aller Blicke über das Meer und
das Riff auf die Küste, dann hinüber auf die Insel Moorea, die
ganz dunkel im Meer liegt. Der Strand, wenn überhaupt einer
da ist, zieht sich wie ein schwarzgrauer Streifen zwischen
dem Hellgrün der Lagune oder dem Weiß der ankommenden
Wellen und dem Dunkelgrün der Büsche und Bäume hin,
denn der Sand auf dieser Seite der Insel ist schwarz, das wird
wohl mit dem alten Vulkan zusammenhängen.

Am Ende derselben Bucht, der Baie Mataval, an der Spitze
einer Halbinsel, steht ein hoher, hundert Jahre alter Leuchtturm in einem schönen Park mit Denkmälern und Teilen von
alten Schiffen darin und einem kleinen Museum. Das hat
man zu Ehren der Seefahrer angelegt, die diese Insel entdeckt
haben. Im Museum ist ein wunderhübsches altes Bild zu sehen, das zeigt, wie die junge und sehr schöne und stolze
nacktbusige Königin von Tahiti den ersten Entdecker Tahitis
begrüßt. Wenn man nachdenkt, dann merkt man aber bald,
dass in der ganzen Geschichte ein Problem steckt. Natürlich
haben diese kühnen Seefahrer die Insel Tahiti entdeckt, das
ist schon richtig. Andererseits wohnte da aber schon urlange

ein ganzes Volk mit einer Königin, und die kannten die Insel ja nun, sodass die Insel es überhaupt nicht nötig hatte, entdeckt zu werden. Die Seefahrer haben die Insel zufällig gefunden, und dann waren sie mächtig stolz darauf und waren besonders stolz darauf, dass nun die Leute in Europa, die sich für die großen Bestimmer der Welt hielten, endlich auch von dieser Insel wussten, und in dem ganzen Stolz haben sie dann losgeschrien: Ha, wir haben Tahiti entdeckt! Woraufhin die stolze Königin von Tahiti, wenn sie dies Entdeckergeschrei mitgekriegt hätte, natürlich in aller Ruhe hätte antworten können: Nein, Herr Seefahrer, Tahiti haben *wir* entdeckt.

Wir sind dann weitergefahren, durch Papenoo, Tiarel, Malaena, Hitiaa, Faaona, Tararao, Paatotara bis Papeari. Überall fließen kleine Flüsse ins Land, mit Bäumen am Ufer, die wie ein Dach über dem Wasser stehen, das hinten im Schatten dann mit einer Biegung verschwindet; unter den Bäumen im Schatten stehen Häuschen und Hütten wieder dahinter, und man blickt, aber nur ein wenig, in fremde Welten hinein, in lauter Geheimnisse an den verschatteten Flüsschen unter den fremdartigen Bäumen, aber in schöne Geheimnisse, von denen man ahnt, dass sie einen, wenn man sie früher gesehen hätte, sehr glücklich gemacht haben könnten.

Und ich kann mir immer noch einen Mann vorstellen, der das sieht und nicht weitergeht und sich sagt: Hier will ich verweilen, das ist so schön, hier will ich bleiben.

Vor bald hundert Jahren gab es einen Mann, dem es hier so ergangen ist. Er war ein großer Maler und hieß Paul Gauguin. Eigentlich wohnte er in Paris und führte ein vergnügtes, glückliches Leben mit seiner Frau und seinen Kindern. Aber dann fing es in ihm zu rumoren an, und eines Tages packte es ihn, er verließ seine Familie und ging auf die Suche nach dem Land, das er malen wollte, auf die Suche nach dem Land seiner Seele.

Dass er seine Familie verlassen hat, war nicht recht von ihm, das muss man zugeben, auch wenn seine Frau, glaub ich, genug Geld für die Kinder hatte. Andererseits ist er nun wirklich erst in der Fremde ein großer Maler geworden – in dem Punkt hatte er nun wieder Recht, das muss man auch zugeben. Am besten ist es da wohl, man lässt bei solchen Leuten die Frage, ob sie im Recht waren oder nicht, einfach beiseite.

Nach langer Suche hat dieser Gauguin dann sein Land gefunden, nämlich Tahiti. Er hat die Leute hier gemalt, vor allem immer wieder die Frauen. Dann ging ihm das Geld aus; er ist nach Frankreich zurückgereist, aber da hat es ihn natürlich nicht gehalten, jetzt, wo er doch endlich wusste, wo seine Seele sich wohl fühlte, und er ist zurückgekehrt auf eine kleine Insel, hier in der Nähe. Da ist er dann krank geworden, hat aber noch wie wild gemalt, damit er möglichst viele von den Bildern fertig kriegte, die ihm vorschwebten, und dann ist er ganz allein und so ganz am Rand der Welt, wo aber für ihn auch wieder die Mitte der Welt war, gestorben.

Bei Papeari, am Meer, in einem herrlichen botanischen Garten, haben sie diesem Mann ein wunderschönes Museum gebaut, in dem viele seiner Bilder hängen und in dem sein Leben sehr schön zu erkennen ist. Er wäre wahrscheinlich zufrieden damit.

Der botanische Garten war wieder sehr gut zum Spazierengehn. Eine Stelle ist da, an der man wie in einen Urwald hineingeht. Kein Sonnenstrahl kommt durch die Baumkronen, es ist heiß im Halbdunkel des Waldes, feucht auch, man ist in einer ganz unvertrauten Welt. Sonderbar war, dass überall Hähne krähten und dass sie alle pechschwarz waren.

Dann gab es aber auch wieder lichtvolle Wiesen mit Kokospalmen darauf. Da die Kokospalmen oft sehr hoch wachsen und ihre Früchte ganz oben haben, macht es immer einen gewaltigen Lärm, wenn so eine Nuss unten ankommt, und es wäre wahrscheinlich nicht gut, wenn man an der Stelle gerade stände.

Durch Mataiea, Papara, Paea, Punaauia und Faae ging es zurück nach Papeete, und da war ich – nach fünf Stunden in dieser Hitze – so müde, dass ich anderthalb Stunden lang in einem Café gesessen und immerzu Tee mit Milch getrunken habe.

Dabei haben die Leute in Papeete etwas an sich, das ich wirklich nicht ausstehen kann: Sie lassen überall laute Musik laufen, aus dem Radio oder von Bändern oder von Platten. Im Café ist laute Musik, in den Restaurants ist Musik, in den Taxen ist Musik, im Hotel ist Musik und dort sogar in den Fahrstühlen. Bloß in den Klos ist keine Musik, hab ich gemerkt, aber man kann ja seine Tage deswegen schließlich nicht auf dem Klo verbringen.

Nun ja, jetzt bin ich den Lärm los, denn ich bin auf der Insel Tetiaroa. Beim Schreiben ist es ganz dunkel geworden. Dort, wo ich sitze und gleich essen werde, ist alles offen ringsumher, im Hintergrund dröhnt das Meer, das auf das Riff draußen prallt, und der Wind, der aufgekommen ist, saust mächtig in den Palmen, den Ananasbäumen und weiß der Teufel worin noch. Ich bin der einzige Gast auf der Insel. Meine Hütte aus Holzbalken, Bambus und Palmblättern und Schilf steht irgendwo draußen am Meer unter Bäumen im Dunkeln.

Man braucht sich hier vor gar nichts zu fürchten, ich weiß das genau. Aber ein klein wenig unheimlich will ich's mir schon sein lassen, sonst merke ich ja gar nicht richtig, dass ich mitten im Meer auf einer kleinen Insel in einer völlig andern Weltecke als sonst hocke. Ich wäre ja blöd, wenn es mir nicht ein bisschen unheimlich wäre. Außerdem schärft die Unheimlichkeit natürlich die Ohren, die Augen und alle Sinne, und ich spüre Sachen, die ich sonst womöglich gar nicht spüren würde.

Da sitze ich Schriftsteller aus dem alten Deutschland nun ganz schön da auf dieser noch viel älteren Insel. Oder vielleicht ist sie auch noch gar nicht so alt und deshalb eben viel urtümlicher als alles bei uns. Ich will mal darüber nachdenken, Zeit hab ich hier genug.

18. Brief

Hütte und Palast · Morgens · Muscheln
Um die Insel herum · Die Leute im Wasser
Die Bewohner der Insel

Jetzt, wo ich frühstücke, regnet es ordentlich und überhaupt
war die Nacht ein bisschen wild. Ich hab das gemerkt, weil
mein Haus durchlässig ist für alles.

Das Haus ist achteckig, die Ecken sind Palmenstämme. Auf
den Stämmen liegen Querbalken, und von den Stämmen und
den Balken gehen dicke Bambusstäbe nach oben und bilden
ein hohes spitzes Dach, das mit getrockneten Palmblättern
gedeckt ist. Drei Wände des Hauses sind zu, sie sind auch aus
Bambus und Palmblättern, eine vierte ist offen, durch einen
kleinen gedeckten Gang kommt man dort in ein kleineres
sechseckiges Haus, in dem Dusche, Klo und Waschbecken
sind.

Vier Wände des größeren Hauses bestehen im unteren Teil,
bis zum Knie, aus einer Bambus- und Palmblätterbalustrade.
Die oberen Teile dieser vier Wände klappt man hoch, sodass
sie wie Baldachine noch einmal vier schräge Dächer nach
außen bilden. Dann hat man große offene Fenster mit einem
Sonnen- und Regenschutz, drei zum Meer hin, eins zum
Land, sodass immer Wind im Haus ist. Im kleinen Haus ist
auch ein solches Fenster, durch das kann ich, wenn ich mich
abends um sechs aufs Klo setze, in aller Kackruhe im Westen
über dem Meer die Sonne untergehn sehen.

Das große Dach liegt nicht direkt auf den Fenstern, sondern etwas darüber, sodass ein breiter Spalt entsteht, durch
den immer Luft kann. Die Palmblätterfenster schließen an
den Rändern nicht dicht, das sollen sie auch gar nicht, und
alles ist ohnehin so durchlässig, dass, als ich gestern Abend

zurückkam vom Essen, das ganze Haus, in dem ich das Licht hatte brennen lassen, in der schwarzen Nacht unter den Bäumen schon von weitem ganz und gar schimmerte wie ein Palast, der auf mich wartete.

Wenn es nun windet wie heute Nacht, dann weht es natürlich durchs ganze Haus hindurch, man liegt in einem sanften Wind, der kühl und schön ist.

Wenn es hell wird, so um sechs, stehe ich auf, klappe alle Fenster hoch und setze mich erst einmal eine halbe Stunde nackt in einen Korbsessel, rauche, trinke ein bisschen Wein vom Abend und gucke mir das Meer, die Wolken oder die aufgehende Sonne, die Palmen auf einer andern Insel drüben oder den Regen an. Dann schwimme ich ein bisschen, rasiere mich und gehe zum Frühstück, das etwa aus frischen Ananasscheiben, einer Avocado, aus Brötchen, Butter, Käse und Marmelade und aus Saft und Kaffee besteht.

Auf die Weise hab ich um acht Uhr dann schon eine Menge erlebt. Und da das mit dem Erleben den Tag über so weitergeht, sitze ich abends um neun schon in meiner Hütte, trinke noch ein paar Schluck Wein, denke ein bisschen nach und dann sinke ich müde ins Bett und schlafe herrlich.

Nach dem Mittagessen

Ich bin einmal um die Insel herum gegangen. Zunächst hatte ich, als der Regen vorbei war, die knallige blendend helle Sonne im Rücken. Das ist die Seite der Insel, die am geschütztesten ist, wo die Wellen nur plätschern und wo der Strand voller Lebewesen ist. Man ahnt das zunächst gar nicht. Da liegen Muscheln, große, kleinere, Stücke von Muschelschalen, Stücke von Korallen, Steine, alles Mögliche also.

Manchmal rollt eine Muschel ein winziges Stück, als hätte der Wind sie bewegt, und liegt dann reglos da. Ich hab jetzt gelernt, einfach zwei, drei Minuten still stehen zu bleiben. Dann auf einmal stehen nämlich überall um mich herum die Muscheln auf, kleine Krebsbeinchen kommen zum Vorschein,

Fühler kommen heraus, Stielaugen, braune meist, und das ganze Ding fängt an, mit einer Spur hinter sich wie von einem winzigen Traktor über den Sand zu schlurfen, nicht sehr schnell, aber irgendwie sehr hurtig.

Macht man einen Schritt, dann gibt's überall diese kleinen plötzlichen Bewegungen und die Gegend liegt wieder voll regloser Muscheln. Kleine weiße sind dabei, aber auch braune, schwarz gestreifte, rot gesprenkelte, und dann fünf bis zehn Zentimeter lange, die wie Turmschnecken aussehen, die der Krebs hinter sich herschleppt.

Allmählich kann ich, wenn ich über den Strand gehe, die leeren Gehäuse von den belebten schon an der Farbe unterscheiden. Dann hebe ich eins auf, schau auf die Öffnung, und da sehe ich dann die hübsch gefalteten braun-weißen Beine, die genau die Öffnung ausfüllen. Nach einer Weile kommt der Krebs dann neugierig gucken, was jetzt schon wieder los ist. Überall am Strand sind kleinere und größere Löcher mit einem hingescharrten Sandhaufen davor. Die Löcher gehen schräg in die Erde, man kann nichts erkennen. Heute hab ich, aber bloß aus dem Augenwinkel, irgendein Tier gesehen, das blitzschnell ins Loch hineinschoss. Neben so ein Loch muss ich mich noch einmal geduldig hinhocken.

Nach einer halben Stunde ungefähr hat die Insel eine Spitze, nun war die Sonne auf meiner linken Seite. Hier gab es nicht mehr so viele Tiere auf dem Strand, dafür im sehr steinigen und felsigen Wasser viele Fische und über dem Strand und dem Wasser große Möwen.

Nach einer Viertelstunde ging es wieder links um die Ecke, die Sonne kam jetzt von vorn, und ich war nun an der Seite der Insel, von der das Donnern der Wellen kommt, die sich draußen am Riff brechen. Der Wind kam auch von dieser Seite und machte selbst in der Lagune noch Wellen, die hoch auf den Strand rollten. An dieser Wetterseite der Insel waren gar keine Tiere mehr auf dem Strand, nur über mir noch die schreienden Möwen.

Draußen am Riff schäumte es haushoch, es toste mächtig, über der Lagune schien weißer Wasserstaub zu hängen. Ich schwitzte ganz schön, dann bewölkte es sich rasch und der Wind trieb einen feinen Regen gegen die Insel. Die Palmen über dem Sandstrand sehen hier ziemlich zerzaust aus, unter und zwischen sich haben sie dichtes Gestrüpp, das wild und undurchdringlich wirkt. Nach einer halben Stunde war ich wieder dort, wo die Flugzeuge landen und starten. Das ist eine grasbewachsene breite Schneise durch den Palmenwald an der schmalen Seite der Insel, die kleinen Flugzeuge holpern da ziemlich lustig herum.

Gestern Morgen übrigens sind drei so kleine Flugzeuge mit Leuten gekommen, die dann nachmittags wieder abgeflogen sind. Die Leute sind in ein Boot gestiegen, weil sie auf eine kleine andre Insel in der Lagune wollten. Nun war der Wind aber sehr stark und das Wasser sehr bewegt, und kaum waren die Leute im Boot, da kippte das Boot um und mit einem Mal standen alle bis über die Brust im Wasser. Natürlich war das nicht weiter gefährlich, aber die Leute haben den ganzen Tag über noch mächtig geflucht in ihren nassen Kleidern. Der Reiseleiter war zerknirscht; denn er war selber schuld. Meine Freunde hier auf der Insel hatten ihm nämlich gesagt, er solle das nicht machen mit dem Boot, das Wasser sei zu wild dafür. Wir hier auf der Insel haben, das muss ich zugeben, richtig schadenfroh über die Leute gelacht und waren heilfroh, als sie weg waren und wieder Ruhe eingekehrt war.

Vorhin, beim Essen, hab ich erst einen Salat von Tomaten, Zwiebeln und Gurken hingestellt gekriegt, auch mit Schinkenröllchen dabei, die Hälfte davon wäre für mich ein reichliches Essen gewesen. Danach haben sie mir noch einen gebratenen Fisch aufgetischt, so groß wie mindestens drei Forellen. Ausgesehen hat das natürlich herrlich.

Sonst gibt es hier noch, soweit ich bis jetzt weiß, zwei kleine Hunde und zwei große und vier Katzen, davon zwei junge. Dazu kommen die Bestimmerin der Insel, eine schöne braune Frau, dann ein Freund von ihr, dann die Frau, die mich bedient, dann die Köchin mit einem Bruder und noch zwei Arbeiter. Die Bestimmerin hat eine kleine Tochter, die zwei Jahre alt ist, immer nackt herumspringt und mit den beiden kleinen Katzen spielt. Dann gibt's noch ungefähr fünf Millionen Fliegen und dreihunderttausend Mücken, aber damit muss man sich abfinden. In den Hütten zündet man abends so eine Art Räucherkerzen an; den Rauch können die Moskitos nicht leiden und morgens hat man dann verhältnismäßig wenig Stiche. Die Fliegen scheinen nachts zu schlafen.

Eine Insel ist hier, auf der sollen lauter Vögel wohnen. Auf die will ich nächstens fahren, wenn das Wasser nicht mehr so wild ist.

19. Brief

Die Wasserschildkröten · Ungewöhnliche Jahreszeiten
Die schönen Busen · In die Insel hinein
Das Atoll · Das Alter der Inseln · Langsames Denken

Ein Mensch freilich, der nicht gut allein sein könnte, bloß mit Schauen, Nachsinnen und etwa noch Schreiben beschäftigt, der hätte es hier gar nicht leicht. Dazu kommt, dass trotz aller Hitze schließlich Winter auf dieser Seite der Welt ist, sodass der Tag gegen sechs Uhr vorbei ist und erst um sechs wieder losgeht und überhaupt immer kürzer wird. Der Mond sieht übrigens wieder so aus wie in Mauritius, aber er fängt früher zu leuchten an. Der Winter besteht scheint's auf der ganzen Welt darin, dass die Tage kürzer werden als die Nächte. Dass es in manchen Gegenden im Winter auch noch kalt wird, muss eine ganz andere Geschichte sein.

Vor meiner Hütte, so weit im Wasser, dass es, wenn es am niedrigsten steht, mir gerade bis über die Knie reicht, ist ein oben offenes Drahtgehege, wie ein kleines Zimmer so groß, in dem die gefangenen Wasserschildkröten wohnen. Am Nachmittag bin ich hingegangen und hab mich fast eine Stunde lang ins warme Wasser an das Gehege gestellt, wahrscheinlich dachten die Schildkröten mit der Zeit, ich wäre ein neuer Pfahl.

Es sind kleinere und größere da im Gehege, sie sehen alle sehr schön aus mit rostroten Schilden und braunroten Flossen. Meist lassen sie sich einfach im Wasser treiben, mit seitlich angelegten Vorderflossen. Ab und zu, ich weiß aber nicht, ob sie das bloß meinetwegen taten, strecken sie den Kopf ganz weit aus dem Wasser und gucken mit großen Augen in die Runde, als ob sie misstrauisch wären. Vielleicht wollen sie bloß wieder mal Luft holen. Wenn irgendetwas sie erschreckt, tauchen sie blitzschnell weg und verschwinden, sie bewegen sich sehr elegant im Wasser.

Mir ist dann eine Sache aufgefallen. Sie bewegen ihre Vorderflossen nämlich ganz so wie Vögel ihre Flügel. Sie machen einen Schlag damit, und dann segeln sie durchs Wasser in genau solchen Schwüngen, wie große Vögel das in der Luft tun. Je länger ich da stand, desto sicherer bin ich mir geworden, dass die Wasserschildkröten ganz früher einmal große Flugtiere waren. Vielleicht sind sie dann zu schwer für die Luft geworden und haben gemerkt, dass das dichtere Wasser sie wieder so leicht machte wie vorher, und dann haben sie sich an das Wasser gewöhnt, wie sie vorher die Luft gewohnt waren, und fliegen in dieser neuen Luft nun sozusagen herum wie wahre Wasservögel. Langsamer natürlich, viel langsamer als vorher, das ist klar, aber genau wie Vögel, die, wenn sie sehr hoch schweben, ja auch sehr ruhig und langsam zu fliegen scheinen.

Samstagabend

Ob ich nun ein Glücksvogel oder ein Pechpilz bin, oder ob die Leute schwindeln oder aber ob das Wetter spinnt, das kann ich nicht beurteilen. Aber die Sache ist jedenfalls so.

Als es die erste Woche in Mauritius ordentlich geregnet hatte, sagten die Leute dort: Ach, jetzt ist die Regenzeit dann vorbei. Als es die zweite Woche geregnet hatte, sagten sie: Oh, das ist aber sehr ungewöhnlich für diese Jahreszeit. Als es in der dritten Woche immer noch regnete, fingen sie sich bei mir zu entschuldigen an – was den Regen natürlich völlig kalt ließ, er machte einfach weiter.

Hier windet es nun den vierten Tag, Wolken kommen und bringen Regenschauer, gestern Abend war es so arg, dass meine Freunde mich mit einem Regenschirm an mein Haus bringen mussten. Und was sagten sie? Oh, sagten sie, das ist aber wirklich sehr ungewöhnlich für diese Jahreszeit, sonst ist es ganz still und die Sonne scheint immerzu.

Nun weiß ich wirklich nicht, was ich davon halten soll. Mir ist das Wetter egal, Hauptsache, es ist ein Wetter, das hier hingehört. Ich sage mir jetzt einfach: Es ist nun mal hier, dieses Wetter, also gehört's auch hierher. Und den Leuten versichere ich todernst: Ich werde in Deutschland berichten, dass es in Mauritius immer regnet und auf Tetiaroa immer stürmt.

Die Wasserschildkröten übrigens, ich hab mich danach erkundigt, werden nicht in böser Absicht gefangen gehalten, sondern im Gegenteil: Sie können in den Gehegen ihre Eier legen, die Jungen können ohne Gefahr ausschlüpfen und wachsen. Wenn sie groß genug sind, kommen sie dann wieder ins Meer.

Heute sind fürs Wochenende fünfundzwanzig Leute gekommen, keine Touristen, sondern Leute, die sonst auf Tahiti wohnen. Die meisten sind Franzosen, aber ein paar junge eingeborene Frauen sind auch dabei. Die haben am Strand immer fast gar nichts an und so sieht man die allerschönsten braunen Busen. Alle finden das völlig selbstverständlich, und wenn ich Fremder vorbeikomme, lachen sie mich an und dann plaudern wir ein bisschen. Das ist eine viel unbefangenere und freiere und freundlichere Welt als im alten Europa, das aber so weit von hier weg ist, dass es schon gar nicht mehr wahr ist, wenn man hier ist.

Heute bin ich zweimal um die Insel herum und dann innen auf der Insel umhergelaufen. Da gefällt es mir auch sehr gut. Sie lassen hier das meiste wohl wachsen, wie es will. Der Boden ist übersät mit vergilbtem Laub von den Palmen, und viele Kokosnüsse, die herabgefallen sind, haben Wurzeln in den Boden geschickt und Triebe nach oben, sodass unter den großen Palmen oft lauter kleine Palmen stehen. Zwischen den Bäumen fliegen öfter große weiße Möwen auf, ich bin jedes Mal ganz verwundert. Die Leute haben mir erzählt, dass oben in den Palmen manchmal große Krebse wohnen, die nachts heruntersteigen. Auf der Nachbarinsel, wo diese Krebse besonders groß sein sollen, wollen sie mir das dann einmal zeigen.

Sie sprechen übrigens hier unter sich eine Sprache, die ich genauso gut verstehe wie die Gespräche der Vögel untereinander. Wenn sie beraten würden, wo sie mich am besten ins Wasser schmeißen können, würde ich freundlich nicken und denken, sie überlegen sich, was für einen Fisch sie mir braten wollen.

Sonntagmorgen
Das ganze Atoll, auf dem ich wohne, besteht aus elf Inseln, von denen, jedenfalls was die Menschen angeht, nur diese eine bewohnt ist. Das Wasser in der Lagune, zwischen den Inseln, ist ganz flach und auch noch von Riffen durchzogen. Neulich ist der gewaltige Traktor, den sie hier haben, einfach ins Wasser hineingefahren und dann auf einer Korallenbank zur andern Insel hinüber.

Die Inseln sind alle ganz flach, ohne Hügel und Berge, und die ganze Oberfläche ist Sand, auf dem an manchen Stellen Gras wächst und eben sonst die Bäume und Büsche stehen. Alles ist so einfach, wie man sich's nur vorstellen kann: Korallenfelsen, Sand darauf, Sand rundum, mit Muschelstücken und kleinen Steinen vermischt, ein bisschen Gras darauf und Bäume und Büsche – also bloß das Allernötigste, was es zu einer Insel mitten im Meer braucht.

Man kann sich nun die Frage stellen, ob hier einmal viel mehr los war und bloß dies noch übrig geblieben ist, oder ob dies der Anfang ist und vielleicht noch mehr daraus wird, oder ob das immer so war und immer so bleiben wird.

Das kommt mir allerdings am unwahrscheinlichsten vor, wenn man bedenkt, wie das Wasser, der Wind, der Regen und die Sonne immer an allem arbeiten und eigentlich nichts so lassen, dass man sagen könnte: Das war schon immer so und wird auch immer so bleiben. Man muss natürlich ganz langsam denken, ungefähr so, dass das, was für uns ein Tag ist, für die Insel vielleicht zehn Jahre dauert.

Dieses langsame Denken kann man hier ein bisschen lernen. Wenn man sich nach zwei Tagen sagen würde: Hier ist es aber langweilig, hier ist ja gar nichts los, immer bloß Korallen, Sand, Büsche, Bäume, Sonne, Wind, Regen und Wasser ringsum – dann würde man natürlich dumm bleiben und nicht merken, dass es sozusagen verschiedene Arten von Zeit auf der Welt gibt, und dass die Art von Zeit, die wir haben, wenn wir sagen, etwas ist langweilig oder nicht, eben nur eine von den verschiedenen Arten von Zeit ist.

Die Korallen und die Palmen etwa haben jeweils ihre Art von Zeit und können andre Arten von Zeit nicht verstehen. Wir Menschen dagegen können, wenn wir uns Mühe geben, auch die Zeit der andern Sachen begreifen oder doch wenigstens ahnen. Ich tu das jetzt allmählich ein bisschen, und so langweile ich mich nicht die Spur. Deshalb dauert meine Reise auch so lange. Das ist man den Dingen, den fremden Dingen schon schuldig, dass man sich Zeit für sie nimmt.

20. Brief

Festessen und Kokosnusspalme · Der Trick der Krebse
Die Inseln · Die großen Krebse auf den Bäumen
Die Lagunendiebe

Wegen der Wochenendgäste, die zum Glück gleich wegfliegen, gab's gestern ein großes Festessen. An zwei
Spießen draußen wurden zwei ganze Hammel gebraten. Vor
dem Hammel gab's einen Salat, nach dem Hammel, der in
einer roten Soße mit ordentlich viel Knoblauch auf die Tische kam, gab's wieder einen Salat, und zwar aus dünnen Ko-
kosnussscheiben.

Die Kokosnusspalme ist wirklich ein guter Baum. Aus dem
Stamm baut man Häuser, aus den Blättern macht man Dächer
auf die Häuser, die Kokosnüsse, die man mit einer Salatsoße
aus Kokosmilch anrichtet, isst man dann in den Häusern aus
Kokosnusspalmenstämmen und den Blättern der Palme, und
wenn man nach dem Essen rauchen will, benutzt man als
Aschenbecher getrocknete halbe Kokosnussschalen.

Nach dem Kokosnusssalat gab's noch Scheiben von Melonen und Ananas und dann Kaffee. Wir waren alle sehr vergnügt.

Die Muschelkrebse also, wie gesagt, machen es, wenn sie
eine Gefahr wittern, so, dass sie sich schnell in die Muschel
zurückziehen und dann daliegen wie irgendeine Muschel.

In die komischen Löcher am Strand buddelt sich eine Sorte
von Krebsen ein, die keine Gehäuse haben und auf jeder Seite
drei Beine, auf denen sie unheimlich schnell rennen können.
Wenn man sie aufscheucht, rennen sie entweder in ihr Loch
oder, wenn das Loch vielleicht nicht in der Nähe ist, einfach
weg, und zwar sehr erstaunlich, denn sie können vorwärts
und seitwärts rennen und richtige Haken schlagen. Wenn sie

nun merken, dass sie nicht schnell genug wegkommen, stellen sie sich einfach, als wenn sie tot wären. Der Trick dabei ist, dass sie genau die Farbe vom Sand haben, auf dem sie liegen. Wenn sie erst mal so daliegen, kann man sie mit Sand beschmeißen, mit einem Zweig schubsen oder wegschieben – sie rühren sich einfach nicht.

Der Trick bei diesem Trick ist, dass die Möwe, die den kleinen Krebs gern fressen möchte, nicht so schlau ist wie ich. Wenn der Krebs sich tot stellt und wie ein großer Sandkrümel aussieht, entdecke ich ihn trotzdem, weil er sich ja gerade vorher noch bewegt hat. Ich sage mir: Wenn etwas, was sich gerade noch bewegt hat, plötzlich nicht mehr da ist, oder wenigstens nicht mehr zu sehen ist, dann muss es genau an der Stelle sein, wo es sich zum letzten Mal bewegt hat. Das ist natürlich bloß ein Gedanke, aber dieser Gedanke stimmt.

Die Möwe aber hat diesen Gedanken offenbar einfach nicht im Kopf, der Gedanke ist ihr zu hoch, sie schafft ihn nicht; und so sitzt sie, wenn der Krebs sich nicht mehr bewegt, völlig verblüfft da und fliegt nach einem Weilchen wieder weg. Und wenn so viel Zeit vergangen ist, dass auch die schlauste und geduldigste Möwe weggeflogen wäre, steht der Krebs nach seiner geglückten List wieder auf und läuft weiter.

Die Wasserschildkröten übrigens werden mit toten Fischen gefüttert, und unter den lebenden Fischen gibt's welche, die von Zeit zu Zeit aus dem Wasser geschossen kommen, wie ein silbriger Pfeil ein paar Meter weit durch die Luft sausen und dann wieder im Wasser verschwinden.

Also, Fische gibt's, die fliegen; Schildkröten schwimmen, als wären's Vögel; Krebse wohnen in Muscheln, große Krebse klettern auf Bäume – es gibt wirklich Sachen in der Welt, die man sich nicht gedacht hätte, und alles geht irgendwie auch auf die allersonderbarste Weise durcheinander.

Heute hat's geregnet, aber der Wind hat ein bisschen nachgelassen. Natürlich war auch der Regen, wie man sich denken kann, wieder ganz ungewöhnlich für die Jahreszeit. Der Wind ist für die Leute hier manchmal ein Problem, weil sie dann keine Fische fangen können. Fische brauchen sie aber unbedingt zum Essen. Vorhin zum Beispiel gab's erst einen Salat aus rohem Fisch und danach einen gebratenen Fisch mit einer Soße aus Tintenfischen. Jetzt ist der Fisch alle und heute Nacht wollen sie neuen fangen.

Jetzt muss ich gleich gucken gehen, wie die Flugzeuge abfliegen, damit ich sicher bin, dass wirklich alle Leute von der Insel abgehauen sind und ich mit meinen Freunden wieder allein bin, auch wenn die braunen Mädchen wirklich schön waren.

So, sie sind alle wieder weg, und außerdem hab ich dabei noch ein paar große Muschelkrebse mit ganz langen Stielaugen gesehen und weit weg über dem Meer den allerleuchtendsten Regenbogen. Jetzt will ich noch ein Stündchen spazieren gehen. Ich weiß übrigens nicht, ob sie heute wirklich Fische fangen können; denn der Wind ist wieder sehr stark geworden, obwohl das ganz ungewöhnlich für die Jahreszeit ist.

Dienstagmittag
Heute Morgen nach dem Frühstück sind wir zu dritt aufgebrochen und sind in einem Boot losgezogen. Erst sind wir zwischen zwei Inseln hindurchgefahren, ganz vorsichtig, denn das Wasser ist flach und es liegen eine Menge Felsen drin. Dann ging es mitten durch die Lagune hindurch, durch tiefes Wasser, aber schwer im Zickzack, weil überall unter der Wasseroberfläche Felsbänke stehen. Um dieses tiefe Wasser in der Mitte herum liegen die elf Inseln des Atolls, ganz verschieden große Inseln. Zwischen den Inseln ist das Wasser flach, hinter den Inseln ist noch einmal ein Streifen von flachem Wasser und dahinter ist rings um das Atoll herum das Korallenriff.

Über manchen Inseln kreisten große weiße und grauschwarze Vögel. Bei einer solchen Insel, einer kleineren, sind wir dann ausgestiegen, das letzte Stück muss man wie überall hier zu Fuß gehen, durchs Wasser, diesmal auf ganz steinigem Boden; man hat dann leichte Sandalen an.

Diese Insel ist eine der beiden Vogelinseln hier. Es gibt zwar auf allen Inseln ein paar Vögel, aber auf Atollen scheint es so zu sein, dass die Hauptmenge der Vögel nur auf bestimmten Inseln haust.

Herrliche weiße Vögel, kleinere, flogen da zwischen den Bäumen umher, größere weiße und schwarze in der Höhe, überall flogen immer wieder neue auf. Sehr erschrocken schienen sie nicht zu sein, sie blieben immer ziemlich in unsrer Nähe.

Die beiden Männer, die mich mitgenommen hatten, hatten jeder ein gewaltiges Messer dabei; damit bahnten sie uns einen Weg, wenn der Wald zu dicht wurde. Und so haben wir die Insel durchstreift und haben die großen Krebse gesucht, die sich am Tag in Erdhöhlen und alten Baumwurzeln verstecken.

Ganz große haben wir nicht erwischt, aber vier kleinere. Sie sind herrlich bunt, blau, grün, rot, braun. Der größte, den wir gefangen haben, ist über dreißig Zentimeter lang, die großen sind doppelt so groß, aber unsrer, wenn man sich ihn so anschaut, ist auch schon ein gewaltiger Bruder.

An seinen beiden vordersten Beinen hat er ungeheuer starke Scheren, denen sicher so leicht nichts widersteht. Wenn diese Krebse Hunger haben, dann klettern sie auf die Palmen und zwacken die Kokosnüsse ab. Die fallen dann runter und platzen oft auch auf. Daraufhin klettern die Brüder wieder hinab, langsam, und mit den gewaltigen Scheren zerknacken sie dann die Kokosnüsse, und jeder weiß ja, wie schwer das ist. Dann saufen und fressen sie alles auf, was ihnen daran schmeckt, und krabbeln zufrieden in ihre Höhlen zurück.

Als wir unsre vier Gesellen gefangen und ordentlich gefesselt hatten, damit sie keinen Unsinn machen konnten und einem womöglich den großen Zeh abbissen, haben wir uns ins Boot gesetzt und selber wie die Krebse gelebt. Die Männer hatten nämlich Kokosnüsse mitgebracht, davon haben sie mit den großen Messern oben ein Stück abgehackt, etwa wie bei gefüllten Paprikaschoten, dann haben wir den herrlich frischen und leicht süßlichen hellen Saft getrunken, der innen drin ist, und dann das weiße Fruchtfleisch gegessen, das übrigens bei diesen frischen Kokosnüssen nicht steinhart ist, sondern ganz biegsam und ziemlich weich.

Nach diesem schönen Krebsmahl sind wir wieder zurückgefahren und dabei quatschnass geworden, weil wir oft gegen etwas wilde Wellen fahren mussten und der Wind gegen uns war. Von oben bis unten voll Salz sind wir dann auf unsrer Insel angekommen.

Den Krebsen haben wir an Land die Stricke wieder abgemacht. Sie kommen in ein Gehege und werden dort mit Kokosnüssen gefüttert. Da können die Touristen sie dann bewundern; denn die Touristen machen natürlich nicht solche Abenteuer, dass sie die Krebse auf dieser kleinen Insel besuchen gehen. Die Touristen kippen ja immer gleich mit den Booten um.

Am Riff draußen, das um die Lagune und um alle Inseln herumgeht, ohne Lücke, sodass kein Boot hereinkommen kann, leben die andern Krebstiere, die nicht irgendwann beschlossen haben, das Wasser zu verlassen und auf Inseln auf Bäume zu klettern, also zum Beispiel Langusten und solche Dinger. Die Leute hier könnten die natürlich fangen und essen, aber sie sagen, da draußen sei der Wind so kalt, sie wollten lieber keine Langusten. Auf die Weise haben die Langusten hier ein recht angenehmes Leben.

Wenn man in der Lagune herumfährt, sieht man meistens in der Ferne wie blaue Schatten die Berge der Inseln Tahiti und Moorea. Das ganze Atoll hier soll früher der Königin von Tahiti gehört haben. Was sie damit gemacht hat, scheint aber keiner mehr zu wissen.

Übrigens gibt's doch kleine Boote, die in die Lagune hineinkommen. An einer Stelle ist das Riff wohl besonders schmal oder nicht so wellenwild, und da kommen nachts manchmal Fischer, die in der Lagune wildern wollen, mit ganz flinken Booten, warten eine große Welle aus dem Meer ab und reiten dann sozusagen auf der Welle mit dem Boot über das Riff in die Lagune. Das dürfen sie zwar nicht und gefährlich ist's auch, aber sie tun es eben immer wieder, und es lässt sich nichts dagegen machen, denn ihre Boote sind zu schnell. Hinter dem Riff haben sie dann ein noch schnelleres größeres Boot liegen, da laden sie das kleinere drauf, und ab sind sie dann in der Nacht und keiner hat sie erkannt.

Ich hab das Gefühl, dass meine Freunde heute Abend nun wirklich fischen gehen wollen. Irgendwann müssen sie ja und ich sehe sie auch schon Vorbereitungen treffen.

21. Brief

Nachtfahrt · Insellager · Nächtliches Fischen
Nachtlager · Lagune mit Unwetter · Frühstück

Gestern Nachmittag erzählten sie mir, dass sie die Nacht über alle fischen gehen würden: Tarita, Maemiti, Eritabetta, Mirna, Michel, Eugénie, Tonio, Louis. Als ich hörte, dass sie auch Maemiti mitnehmen würden, das zweijährige Kind, hab ich gefragt, ob sie mich nicht auch mitnehmen könnten. Sie haben gesagt, sie würden das sogar sehr gern tun, hätten mich aber nicht fragen wollen, denn das Unternehmen sei ziemlich unbequem.

Nun ja, hab ich gesagt, ich hab zwar Bequemlichkeit gern, aber die Unbequemlichkeit macht mir auch nichts aus.

Bei Sonnenuntergang war das Boot bepackt, dann sind wir alle neun eingestiegen, und als die Sonne untergegangen war, ging die Fahrt los. Tonio stand vorn auf dem Boot und dirigierte mit Armbewegungen Louis durch die Felsen, denn Louis steuerte hinten das Boot. Dann wurde es ganz rasch dunkel, aber der Mond schien, und im Mondlicht heben sich die dunklen Flecken, wo die gefährlichen Felsen stehen, sehr gut vom Grün des günstigen Fahrwassers ab. Wir wollten zu einer entfernteren Insel, aber in der Mitte der Lagune war das Wasser zu bewegt, wir sind deshalb wieder ein Stück zurückgefahren, zu einer näheren Insel, der übernächsten von uns. Ein bisschen unheimlich war diese Nachtfahrt natürlich schon.

An einem kleinen Strand sind wir gelandet, alle stiegen aus, alles wurde rasch an den Waldrand getragen und das Boot wurde hoch auf den Sand gezogen. Eritabetta, die mir immer das Essen bringt, machte schnell ein großes Feuer an, Michel, Tonio und Louis gingen mit großen Messern in den Wald. Sie kamen mit langen und kurzen Stangen und mit vielen Palmenzweigen wieder, und in kurzer Zeit hatten sie zwei schöne Hütten gebaut, eine mit einer großen Zeltplane als Dach, aber an den Schmalseiten, den Giebelseiten sozusagen, und unten an den Längsseiten offen, mit einem Palmenblätterfußboden; die andere Hütte war bloß aus Stöcken und Palmblättern.

Eugénie, Mirna und Tarita machten vor den Hütten einen großen Platz aus Palmblättern, breiteten in der Mitte ein Tischtuch aus, auf dem Maemiti immer herumtrappte, und stellten ringsum Teller und Gläser auf. Dann wurden vor den Hütten und um den Tisch herum Stöcke aufgestellt mit Windlaternen daran, alle setzten sich auf die Palmblätter um das Tischtuch und dann ging erst mal ein herrliches Essen und Trinken los.

Das Baby ging dann schlafen in der großen Hütte und alle andern gingen langsam zum Fischen. In kleinen Gruppen verteilten sie sich halb um die Insel herum und warfen lange Schnüre mit Ködern ins Wasser. Dann warteten sie, dass die Fische anbissen. Der Mond schien noch, aber allmählich zogen dunklere Wolken auf. Der Wind rauschte in den Palmen, und an den Stellen, wo meine Freunde mit den Angelschnüren vorn auf Felsen im Wasser standen, leuchteten auf dem Strand die Windlaternen.

Weil für diese Jahreszeit hier im Moment alles recht ungewöhnlich ist, wollten die Fische wohl keine Ausnahme machen, und so bissen sie einfach nicht an. Bis gegen Mitternacht hatten alle zusammen zwei kleine Fische gefangen, dann fing es, was natürlich wieder sehr ungewöhnlich war, zu regnen an, und wir sind alle zum Schlafen in die Hütten gegangen, sechs Leute rings um das Baby herum in die große Hütte, zwei in die kleine.

Ich war mit in der großen, man legte sich einfach hin, wie man war, es war warm in der Hütte und sehr geschützt gegen das Wetter. Ameisen und kleine Mücken konnten natürlich bequem herein und ein bisschen hart war es und ein bisschen eng.

In der ersten Hälfte der Nacht konnte ich nicht so recht schlafen, hab auf alle Geräusche gehört, den Mond niedersinken sehen, wenn er mal durch die Wolken kam, den Windlaternen zugeguckt, die natürlich nichts tun als scheinen und ein bisschen im Wind schaukeln, hab die Mücken gespürt, wenn sie mich wieder mal stachen, aber dann bin ich so viertelstündchenweise doch immer eingenickt, ich war ja auch von der langen Wasserfahrt am Morgen noch ziemlich müde.

Um sechs, als es dämmerte, sind alle aufgestanden, als hätten sie sich verabredet, und das Fischen ging wieder los. Tarita, Mirna, Michel und Louis stiegen ins Boot, ich guckte zu, und als sie fragten, ob ich mitwollte, hab ich sofort ja gesagt, ich war nun schon ein paar Mal nass geworden und dachte mir, da käme es auf noch einmal auch nicht mehr an. Denn der ganz ungewöhnliche Regen hatte schon wieder angefangen, und so sind wir dann im Morgengrauen auf die dunkle Lagune gefahren. Tarita und Mirna hatten Angelschnüre ausgeworfen und nun ging es immer hin und her auf dem bewegten Lagunenwasser unter dem Regen von oben.

Es wurde hell, es hörte zu regnen auf, die Sonne kam, bloß die Fische rührten sich nicht. Aber die Lagune mit den Inseln ringsherum sah wunderbar aus. Im Süden war ein pechschwarzes riesenhaftes Unwetter aufgezogen, davor war eine Insel, auf die die Sonne ganz flach schien, sodass die Palmen in frischem Grün und Gelb über dem Wasser standen. Am westlichen Rand des großen Unwetters regnete es, ein Regenbogen erschien, im schwarzen Süden blitzte es und der Donner zog über die Lagune.

Dann sind wir wohl in einen Fischschwarm geraten, in einem Augenblick bissen zwei an und alle freuten sich; denn es waren zwar bloß kleine Fische, aber doch immerhin Fische.

Mit diesen beiden Fischen sind wir dann nach anderthalb Stunden zu den andern zurückgekehrt, die auch nicht viel glücklicher gewesen waren. Dann haben wir Kaffee und Wein getrunken, ein paar Fische gleich gebraten und sind nach fünfzehn Stunden mit fast keinen Fischen wieder auf unsrer Insel gelandet.

Ich hab meinen Freunden dann gesagt, ich sei der böse Geist beim Fischen, und wenn ich dabei wäre, könnten sie gar nichts fangen, aber sie haben mir nicht geglaubt. Als ich ihnen am Abend vorher gesagt hatte, es würde in der Nacht regnen, da hatten sie mir auch nicht geglaubt.

Stattdessen erzählten sie mir nun, was sie sonst in einer Nacht immer für tolle Fänge machten, diese Nacht sei es wirklich ganz ungewöhnlich gewesen. Ich hab mir mein Teil dabei gedacht, aber sie waren alle ganz fröhlich. Sie brauchen die Fische ja wirklich, und wenn ich morgen weg bin, dann, denke ich, werden sie's noch einmal versuchen, und irgendwie muss ich ja hoffen, dass sie dann mehr Glück haben.

Ein paar ziemlich ungewöhnliche kleine Unwetter hat's dann an diesem müden Tag noch gegeben, es ist arg windig, am Riff donnert es gewaltig, aber ab und zu scheint immer wieder die Sonne und im Ganzen ist es warm und frisch und schön. Ich hab mir eine Hose, zwei Hemden und zwei Unterhosen völlig versalzen, bin ganz und gar zerstochen und morgen fahre ich weg.

CHILE

22. Brief

Inselabschied · Über den Pazifischen Ozean und
die Osterinsel nach Santiago
Der Abend mit dem furchtbaren Neuseeländer

Nach dem Fischfangabenteuer hab ich elf Stunden geschlafen, dann kam mein letzter Tag auf dem Atoll und so letzte Tage sind ja immer sonderbar: Man geht noch einmal überall spazieren, schaut sich alles noch einmal an, isst noch einmal, trinkt noch einmal, und an diesem letzten Tag hat's auch noch wie verrückt gestürmt und geregnet, grad als ob die Insel es mir leicht machen wolle, dass ich weiterziehe. Aber wenn man richtig reist und gern zum nächsten Ziel will, sind Abschiede ja ohnehin nicht so schlimm, so gern man auch länger bleiben würde, wenn's einem so gut gefallen hat.

Dann kam am Nachmittag das kleine Flugzeug, und alle, die auf der Insel wohnen, standen zum Abschied da, hängten mir jeder eine schöne Muschelkette um den Hals und küssten mich, sodass ich schwer und herrlich behangen und fast in einen Inselbewohner verwandelt ins Flugzeug stieg und zurück nach Tahiti fuhr. Unterwegs kitzelten mich die Muscheln irgendwie im Nacken, und als ich hinlangte, wie man das so macht, hatte ich eine kleine Eidechse in der Hand, einen blinden Passagier, der nun mitmusste nach Tahiti.

Als ich ankam, fielen auf die Stadt Papeete und auf die Berge von Tahiti und Moorea gerade noch die letzten Strahlen der Abendsonne: grad als ob sie mir hier den Abschied nun besonders schwer machen wollten. Also hab ich's wieder so gehalten wie auf Tetiaroa, bin noch einmal spazieren gegangen, hab noch einmal gegessen und getrunken, und nachts um halb zwölf bin ich dann in das große Flugzeug gestiegen, das mich nach Chile bringen sollte.

Oben durch den Mainachthimmel ging es erst viereinhalb Stunden übers Meer, im Morgenlicht erschien dann die Osterinsel unter uns, das ist diese Insel, auf der die Leute vor langer Zeit diese riesengroßen Männer aus Stein aufgestellt haben, von denen keiner mehr weiß, was sie bedeuten sollen, Götter oder Riesen oder Helden oder Ahnen oder alles zugleich, weil die Ahnen vielleicht Helden waren und die Helden Riesen und die Riesen fast Götter.

Der Flugplatz ist dort bloß eine lange Rollbahn von einem Ufer der Insel zum andern und sonst eine flache Baracke. Das ist überhaupt so, dass man an der Größe der Flughafengebäude immer gleich ablesen kann, wo man ist. In Sydney kann man sich fast im Gebäude verirren, in Auckland schon nicht mehr, in Papeete schlendert man zu Fuß zum Gebäude, daneben, wenn man nach Tetiaroa will, kommt einfach ein Mann an und sagt, auf geht's, und der fliegt einen dann auch selber, und in Tetiaroa war bloß noch eine Schneise im Wald.

Dann ging es noch einmal drei Stunden lang übers Meer und dann hab ich zum ersten Mal die Erde von Südamerika gesehen. Ein bisschen klopft mir das Herz doch immer, wenn ich zum ersten Mal ein Land oder gar einen Erdteil mit eigenen Augen sehe, und bis dahin hatte ich nur davon gelesen und vielleicht den Traum gehabt, selber einmal hinzufahren. Nun lag es da also unter mir, Südamerika, das Land Chile, und das Flugzeug glitt leise herab über braune, sonderbar wild und urtümlich aussehende Berge, sodass mir, obwohl ich ziemlich müde war, ganz merkwürdig abenteuerlich zu Mute wurde und ich mir sagte: Durch diese Berge musst du fahren!

Das dauert natürlich. Zunächst landeten wir, dann fuhr ich mit einem Bus in die Riesenstadt Santiago, dann mit einem Taxi ins Hotel. Und im Hotel passierte mir etwas Blödes. Ich saß da und trank etwas, da kam vom Nebentisch ein Mann aus Neuseeland, quatschte mich an und sagte, ich solle doch an seinen Tisch kommen, an dem seine Frau schon saß mit noch einem Mann. Wer weiß, vielleicht hatte dieser Neuseeländer die Idee, einer, der allein seinen Whisky trinkt, müsse sich einsam fühlen und sich freuen, wenn ein Neuseeländer ihn anspricht.

Der Neuseeländer, das hätte ich mir denken können, aber ich konnte ja wenig dagegen tun, war ziemlich dumm, seine Frau war furchtbar dumm, der Engländer, der dabeisaß, war auch nicht viel schlauer, ein anderer Engländer war blöd, der Neuseeländer schleppte nämlich immer mehr Leute ran, ein Belgier war nett, aber auch nicht sehr helle, dann kamen noch zwei Leute dazu, mit denen ich mich gut hätte unterhalten können, nämlich ein Spanier und einer von hier, aber weil der blöde Neuseeländer und der doofe Engländer und die furchtbar dumme Frau des Neuseeländers sich als die großen Bestimmer aufspielten, war's nachher ein verlorener Abend.

Der Mann und die Frau aus Neuseeland waren solche, die zu Hause dann furchtbar angeben und sagen werden: Und dann, schaut mal, haben wir's hingekriegt, dass noch zwei Engländer, ein Belgier, ein Chilene, ein Spanier und ein Deutscher mit uns am Tisch saßen, und der Deutsche war sogar ein Schriftsteller, na, war das nicht großartig? Und keiner ahnt, dass der Chilene, der Spanier und ich ohne den Neuseeländer und seine Frau einen schönen Abend hätten haben können.

Nun ja, ich hab getrunken, bis ich ganz müde war, dann hab ich wieder elf Stunden geschlafen, jetzt hoffe ich, dass ich dem Neuseeländer nicht wieder in die Hände falle; denn ich will nun langsam darangehen, Chile für mich zu erobern, und dabei kann ich solche albernen Leute nicht gebrauchen, die sich Wunder wie groß vorkommen, wenn sie genug Geld haben, um in allen Ländern der Welt zeigen zu können, was für Schlauköpfe sie sind.

23. Brief

Die Freunde der Freunde · Das Gartensommernachmittagsfest
Garten am Hang · Die große Stadt
Luis mit Schwips · Auf geht's!

Den Samstagnachmittag hab ich dazu verwendet, Freunde
von Freunden zu suchen, Freunde hier von Freunden in
Deutschland, die hofften, ihre Freunde hier könnten auch
meine Freunde werden, vorausgesetzt, ich würde sie finden.
Ich bin wie ein Wilder mit Taxen durch die Gegend gefahren, hab aber schließlich in einem Haus bloß drei Frauen gefunden, die die Freunde meiner Freunde zwar gekannt hatten, jetzt aber kaum mehr etwas von ihnen wussten. Die drei
Frauen, die sich große Mühe gaben und furchtbar nett waren,
haben mich schließlich in ein Taxi gesetzt und mich halb in
der Nacht in eine hügelige Gegend am Stadtrand bringen lassen. Der Taxifahrer fluchte und stöhnte mordsmäßig, als ob
er das Auto selber schieben müsste, aber schließlich waren wir
an einem Haus, in dem die Schwester der Frau wohnt, zu der
ich eigentlich wollte. Leider war die Schwester nicht da, dafür aber Elke Valeria, ein süßes kleines Mädchen, das Deutsch
sprechen kann.

Am Sonntagmorgen hab ich dort dann angerufen, wir haben uns alle verabredet, und mittags haben wir uns dort, wo
die Schwester wohnt, also die Schwester der Schwester, zu
einem herrlichen Fest getroffen. Die Sonne schien ganz warm,
obwohl das, wie ich mir schon dachte, ganz ungewöhnlich
für die Jahreszeit war, und wir saßen alle in einem kleinen
Garten: Ulrike, die ich gesucht hatte und die einen chi-
lenischen Mann und ein klitzekleines Baby hat, ihre Schwester Annette mit der Elke Valeria und einem kleinen Jungen
und einem Mann, der Luis heißt, dann noch ein Mann und

zwei Frauen und ein paar Kinder. Es gab Säfte und Wein, mitten im Garten stand ein gemauerter offener Ofen, in dem über einem Holzkohlenfeuer Küchlein, Würstchen und Fleisch gebraten wurden, dazu gab es Salate und Weintrauben.

Im Garten stehen ein Zitronenbaum, ein Feigenbaum und zwei Walnussbäume, da holten die Kinder dann zum Kaffee und zum Whisky noch frische Nüsse, und so ging das schöne Fest bis um vier Uhr. Wenn man hochguckte, sah man gar nicht weit weg riesige graubraune Bergwände bis in den halben Himmel steigen, oben mit glänzend weißem Schnee.

Annette, Luis, der Arzt ist, Elke, der Bub und ich sind dann noch zu ihrem Haus gefahren, dorthin, wo ich am Abend vorher schon gewesen war. Das Haus liegt am Hang, von oben sieht es ganz klein aus, aber es ist groß und luftig, vieles daran ist aus Holz gebaut, und vom Haus hinab in ein sehr schönes Tal hinein zieht sich ein riesig großer wilder Garten mit Eukalyptus- und Feigenbäumen und ganz verschiedenen Kakteen, hellgrünen, dunkelgrünen, graublauen und blauen, viele von denen sind größer als Menschen. Das ganze Tal ist voll solcher Gärten und Häuser. Im Hintergrund stehen diese himmelhohen Berge, und irgendwo vor diesen Bergen unten konnte man sich das große Santiago denken, dessen Lichter man dann sah, als es langsam dunkel wurde.

Gestern Morgen bin ich vier Stunden lang durch das große Santiago geschlendert. Einen so riesigen Eindruck hat mir noch selten eine Stadt gemacht. Es war wieder dieses ungewöhnliche Wetter, die Luft flimmerte, an einer Seite war sie bis in den halben Himmel hoch zum Verwundern wie braun gefärbt, und wenn man ganz hoch guckte, glänzten da weiße Zackenwolken: Das waren wieder die gewaltigen Berge, die durch die Dunstglocke über der Stadt hindurch selber nur wie brauner Dunst aussehen, und bloß den Schnee oben sieht man in der Sonne.

Mittags hat Luis mich im Hotel abgeholt, wir haben in einem Restaurant, das man als Fremder gar nicht finden würde und das in einem Haus ist, das früher einmal der Palast einer reichen Familie war, ein richtig fürstliches Mahl gegessen, mit weißem und rotem Wein, der hier wächst und mir noch viel besser schmeckte als der Wein bei uns.

Luis, das stellte sich dann heraus, ist, wie fast alle Leute hier, ungeheuer stolz auf sein Land und allmählich kann ich das sehr gut verstehen. Er hat mir erzählt, dass er eigentlich ein Marquis oder so etwas ist; denn seine Familie war mit irgendwelchen Fürsten oder Königen aus Deutschland verwandt, und seine Kinder, sagte er, sind eigentlich eine kleine Prinzessin und ein kleiner Graf.

Nachher war er ein bisschen beschwipst, dann hat Annette uns bei irgendwelchen Leuten abgeholt und wir sind am Rand der Stadt noch ein bisschen herumgefahren. Dann kam die Dunkelheit wie eine schöne Sommernacht und sie haben mich in mein Hotel gebracht.

Nun will ich heute Abend um halb sieben in einen hoffentlich ungeheuer bequemen Bus steigen, in dem sie einem während der Fahrt auch ein Abendessen servieren, wie Luis sagt, und will die Nacht durch in fünfzehn Stunden tausend Kilometer weit fahren, das ist so weit wie durch ganz Deutschland, dann werde ich im Süden sein, in Puerto Montt, denn dort irgendwo liegt die große Insel Chiloé, auf die ich will.

Was mich da erwartet, weiß ich nun überhaupt nicht mehr, das Abenteuer geht los, aber es ist natürlich nichts Gefährliches dabei, bloß etwas sehr Ungewisses. Aber Darwin war dort unten und ich will auch hin.

24. Brief

Busfahrt · Hafen mit Austern und kaltem Tee
Blick nach Süden · Pferde und Hardy

Ich bin also tatsächlich fünfzehn Stunden mit dem Bus gefahren, mit einem wirklich sehr bequemen Bus, das muss
ich sagen: In dem Riesending saßen nur achtzehn Leute,
man konnte aus dem Sitz fast ein Bett machen oder zumindest einen Liegesessel, man kriegte Schnäpse, ein Abendessen, Wein, man konnte schlafen, morgens gab's ein Frühstück – aber natürlich ruckelt es ziemlich bei alldem und
man ist dann doch arg zerschlagen. Angekommen bin ich
dann um halb zehn Uhr hier, in Puerto Montt, einem nicht
sehr großen Ort an einer Bucht, aber: Ich war wieder am
Meer. Es war sehr kühl, der Himmel war mit grauen Wolken bedeckt.

In der Nacht hatte es geregnet. Um sechs Uhr, als ich aufwachte, hatte der Mond geschienen, rechts von der Straße,
über dem ganzen Land lag ein Nebel, aus dem nur, so weit
man sehen konnte, einzelne Bäume auftauchten. Manchmal
sah man Wasser bis an die Straße heran. Dann wurde es auf
der linken Seite allmählich hell, da war Osten, der Bus fuhr ja
nach Süden. Da tauchten dann auch unabsehbare Landschaften auf, und dahinter, über niedrigen Wolken, machmal
schwarze Berge.

Dann waren wir in Puerto Varas an einem großen See, der
wie das Meer aussah. Die Häuser dort sind meist aus Holz,
und viele Leute sehen so aus, wie man sich die Leute in Lapp-
land vorstellt. Es ist ja auch wirklich so, dass man im Süden
der Welt wieder in solche Gegenden kommt, wie es sie ganz
im Norden der Welt gibt, und es ist da auch wieder kalt. Nur
sind Nord und Süd jetzt eben vertauscht, und mittags steht

die Sonne nicht im Süden, sondern im Norden. Man muss so andersherum denken wie mit dem Mond.

Dann aber waren die Wolken immer mehr geworden, hatten mit der Zeit den Mond und dann die Sonne verhüllt, und in Puerto Montt war der ganze Himmel bedeckt. Und so war ich aus einem Winter in Tahiti, der mehr Sommer war als ein Sommer bei uns, in wenigen Tagen in einen Winter geraten, der fast so ist wie ein Winter bei uns.

Im Hafen hier kommen morgens immer die Fischkutter und Fischerboote an mit grauschwarzen Fischen, die fast einen Meter lang sind, mit hellblauen Fischen, die ein bisschen wie Aale aussehen, mit großen und kleinen Muscheln, mit Seeigeln und Austern. Wenn dann die Ebbe kommt, liegen die Schiffe, als wären sie gestrandet, auf dem Sand, und die Fischer schleppen ans Ufer, was sie gefangen haben.

Wenn man die Seeigel aufmacht, kann man sich mit den Fingern was zu essen herausholen; wenn man riesengroße Muscheln aufmacht, strecken Schnecken ihre Köpfe heraus, riesengroße Schnecken, die man isst; und in andern Muscheln wieder sitzen rotweiße Tiere, die auch sehr gut schmecken. Zwischen schmalen Bretterbuden, in denen man auf Bänken an schmalen Tischen sitzen kann, riecht es ungeheuer nach Meer und Fischen, und alles, was da in stachligen, buckligen und glatten Schalen ans Land gebracht wird, kann man in den Buden an den Tischen auf den Bänken lebend oder gekocht oder gebraten oder geräuchert essen.

Ich hab mir eine ganze Kiste voll Austern gekauft, hab sie aufmachen lassen, sie dann in so eine kleine Bude getragen und hab sie dort zu einer Tasse kaltem Tee gegessen. Natürlich war das kein kalter Tee. Nur ist es so, dass die Leute da in den Buden am Hafen keinen Wein ausschenken dürfen, den man eigentlich zu den Austern trinken sollte. Jetzt machen sie einen Trick: Sie stellen einem eine Tasse mit einer Untertasse hin, wenn man eine Tasse kalten Tee verlangt hat, und das Getränk, das in der Tasse ist, sieht auch aus wie kalter Tee mit

Zitrone. Bloß ist es eben Wein. Natürlich kennen auch die Aufpasser am Hafen diesen Trick, aber keiner sagt was, und so kann man zu den herrlichen Austern ruhig seinen Wein trinken. Viele Leute behaupten zwar, Wein schmecke aus Tassen nicht so besonders, aber auf den Bänken an den Tischen in den Buden am Hafen von Puerto Montt ist das anders. Da schmeckt der Wein.

Gleich hinter der Stadt und dem Hafen geht es ziemlich steil hoch. Auch diese Hügel sind noch mit kleinen Häusern bedeckt. Wenn man hinaufsteigt und sich umschaut, hat man unter sich den Hafen liegen, dann blickt man auf die breite Bucht nach Süden, dorthin, wo es immer kälter wird. Ganz links stehen große Vulkane, die im Sommer und im Winter oben schneebedeckt sind, der Osorno und der Calbuco. Dann werden die Berge nach Süden zu immer kleiner und das Festland kommt in einem großen Bogen immer weiter ins Meer. Auf der rechten Seite liegen lauter Inseln, die sich immer weiter nach links ins Meer hinein hintereinander schieben, sodass ganz im Süden von beiden Seiten das immer flachere Land und die immer ferneren Inseln fast aneinander zu stoßen scheinen und nur weit in der allerfernsten Ferne ein schmales Stück Meer frei bleibt.

Wenn dunkle Wolken am Himmel sind, dann ist das Wasser der Bucht grau und fast braun, und wenn es dunkel ist, sieht man draußen in der Bucht Lichter wie von kleinen Dörfern: Das sind die Boote der Fischer, die dort Windlaternen angezündet haben und die Fische für den nächsten Tag zu fangen versuchen.

Natürlich gibt es hier Autos, wie fast überall. Aber ein sehr wichtiges Verkehrsmittel sind Karren mit zwei Rädern, vor die ein Pferd gespannt ist. Der Mann steht dann vorn auf dem Karren, oft unter einer Plane, damit die Sachen auf dem Karren und er geschützt sind, wenn es regnet, und hält die Zügel in der Hand und lenkt das Pferd. Sehr viele Leute reiten auch auf Pferden, mit einem Poncho über den Schultern und einem

Hut auf dem Kopf. Vor kleinen Kneipen sieht man oft ange-
bundene gesattelte Pferde stehen, wenn die Reiter vielleicht
drinnen einen Tee, ein Bier, ein Glas Wein oder einen
Schnaps trinken.

Ich hab meinen Freund Hardy gefragt, ob er auch reiten
kann, da hat er bloß gelacht und gesagt, ja natürlich, hier
kann doch jeder reiten, das lernt man schon als Kind, das ist
doch selbstverständlich. Hardy ist hier aufgewachsen, er redet
Spanisch, wie alle Leute hier, aber auch sehr gut Deutsch. Er
hat ein kleines Büro in meinem Hotel und ein sehr schönes
Auto, und wir haben ausgemacht, dass er mich morgen früh
abholt und auf die große Insel Chiloé fährt.

Diese Insel sieht man von hier aus nicht, sie liegt ein
Stückchen weiter im Westen, zum Meer hin, und zieht sich
dann nach Süden hinunter. Hardy sagt, so schrecklich viel zu
sehen gäb's da nicht, aber dann hab ich ihm erklärt, dass Darwin dort gewesen ist und dass ich auch dorthin will, und daraufhin hat er zugegeben, dass er die Insel gar nicht so recht
kennt. Nun wollen wir beide mal sehen, was es dort zu entdecken gibt.

25. Brief

Die große Insel Chiloé:
Möwenland · Der schöne Fluss · Die kleinere Insel
Der alte Schädel · Das Geheimnis der Insel
Urwald · Darwin und Hardy

Puerto Montt, das Meer und überhaupt alles war nebelver-
hüllt, als Hardy an diesem Morgen mit mir losgefahren ist.
Aber nach einer halben Stunde verschwand der Nebel, wir
waren am Meer, an einem Kanal, und drüben auf der andern
Seite des Kanals lag die große Insel Chiloé.

Chiloé, sagte Hardy, ist ein altes Indianerwort und bedeu-
tet: Land der Möwen. Möwen flogen auch auf dem Festland
schon herum, am Ufer des Festlands, über dem Küstenwasser.
Sie begleiteten die große Fähre auf der halbstündigen Fahrt
über den windigen Kanal und dann umschwirrten sie das
Ufer von Chiloé und schaukelten auf den Wellen.

Erst sind wir durch hügliges Land am oberen Ende der Insel entlanggefahren, dann gabelt sich die Straße und man
steht an einer wunderbaren Stelle. Unter einem liegt ein ganz
breiter Fluss, der ein Stückchen weiter ins Meer fließt, im
Fluss ist eine lange sanfte Halbinsel und das vordere Ufer des
Flusses und das auf der andern Seite sind genauso sanft: Hügelige Wiesen mit Gruppen von Bäumen und Sträuchern, in
hellem und dunklem Grün, zu uns hin ansteigend, mit einem
geheimnisvollen kleinen Wald dazwischen, und ganz hinten
ansteigend zu kleinen Bergen. Kein Haus war zu sehen und
kein Mensch. Es war ganz still, nur Vögel zwitscherten.

Wir sind nach Süden weitergefahren, nach Süden erstreckt
sich die Insel. Die Straße ging sehr auf und ab und schlängelte
sich durch Wiesen und Wälder, manchmal standen kleine Häuser an der Straße, zweirädrige Ochsenkarren kamen vorbei

und Reiter. Dann ging es steil hinab, und wir standen wieder am Wasser und drüben lag wieder eine Insel.

Nach einer kleinen Weile kam eine kleine Fähre und brachte uns in einer kurzen Fahrt von der großen Insel, auf die wir in einer längeren Fahrt mit einer großen Fähre gekommen waren, auf die kleine Insel.

Die ist sehr hügelig, man fährt auf Schotterstraßen, es gibt viele Dörfer, Ochsenkarren und Reiter. Über einem großen Dorf standen wir auf einem Berg, da lag das glänzende Meer vor uns, und im Meer lagen wieder ganz viele kleine Inseln und Boote fuhren auf dem Meer zwischen unsrer Insel und den kleinen Inseln und zwischen den kleinen Inseln hin und her.

Im Dorf unten steht eine uralte Holzkirche. Da musste der Fußboden ausgebessert werden, und als man ihn aufmachte, hat man unter der Kirche einen noch viel älteren Friedhof entdeckt. Ein paar von den Knochen, die man gefunden hat, liegen in einer alten Kiste in der Kirche, und ich hab den Schädel eines Menschen in der Hand gehalten, der hier vielleicht gelebt hat, als bei uns in Europa noch kein Mensch wusste, dass es sein Inselland überhaupt gab. Den hat, solange er lebte, keiner entdeckt, nun hatte ich seinen Schädel in der Hand, den Schädel eines Menschen, von dem kein andrer Mensch weiß, wer er war, wie er aussah oder was für einen Namen er hatte. Aber jetzt, dachte ich, als ich seinen alten Schädel betrachtete, werde zumindest ich nicht mehr vergessen, dass du einmal gelebt hast, du Mensch von früher, egal, wer du warst, wie du ausgesehen hast oder was für einen Namen du hattest.

Am kleinen Hafen haben wir mit den Fischern gesprochen und einen gefunden, mit dem wir verabredet haben, dass er uns am nächsten Tag mit seinem kleinen Kutter zu den kleinen Inseln fährt.

Allmählich wurde es über sämtlichen Inseln und dem Meer dunkel und wir sind zur Hauptstadt der großen Insel

Chiloé gefahren, nach Castro. Da haben wir noch lange mit einem Mann von der Insel geschwatzt und über das Geheimnis der großen Insel Chiloé geredet.

Die Leute dort wohnen alle auf der Längsseite der Insel, auf der, die dem Festland zugekehrt ist. Der größte Teil der Insel zum Meer hin, der Teil, auf dem auch die größeren Berge stehen, ist mit Urwald bewachsen, durch den keine Straße, kein Weg und kein Pfad führt. Nur in der Mitte der Insel liegt quer ein langer schmaler See. Wenn man auf dem ein paar Stunden lang mit einem kleinen Boot von einem Ende zum andern fährt, kommt man an eine Stelle, von der aus man mit Pferden weiterreiten kann, dann ist man am Meer.

Mein Freund Darwin hat diesen Weg gemacht, und er erzählte, hier hinten am Meer, abgeschlossen von allen andern Leuten der Insel, lebten dreißig oder vierzig Indianerfamilien, holten sich Fische und Muscheln aus dem Meer, und wenn Segelschiffe vorbeikämen, würden sie mit ihren kleinen Segelbooten hinfahren und Sachen mit den Seeleuten tauschen.

Und heute ist es noch fast genauso. Nur tauschen die dreißig oder vierzig Familien keine Sachen, sondern sie waschen Gold. Denn ein Erdbeben vor einigen Jahren scheint einen Spalt im Meeresboden geöffnet zu haben, und nun bringen die Wellen mit der Flut Sand an, der mit Goldstaub gemischt ist. Den Goldstaub müssen sie mühsam vom Sand trennen, aber es scheint sich doch zu lohnen, auch wenn man bedenken muss, dass die Leute dort an Armut gewöhnt sind und nicht viel brauchen. Leider kann man die Expedition dorthin nur machen, wenn hier Sommer ist. Wenn also bei uns Winter ist, müsste ich unbedingt noch einmal herkommen, um alles mit eigenen Augen zu sehen.

Am nächsten Morgen war es windig und sehr kühl. Von den Höhen aus sah man überall die weißen Kämme der Wellen auf dem Meer, und als wir mit Wein und Brot an die

Stelle kamen, an der wir uns mit dem Fischer verabredet hatten, sagte der Fischer, die Wellen seien heute zu hoch, er könne sich mit seinem kleinen Kutter nicht aufs Meer trauen. Also haben wir ihm den Wein und das Brot geschenkt und sind auf dem Land weitergefahren.

In einer Schlucht, durch die der Schotterweg ganz halsbrecherisch führte, sind wir ausgestiegen. Hier kommt der undurchdringliche schwarze Urwald bis an die Straße heran, und aus dem Urwald kommt ein Bach, zu dem ich hinabgestiegen bin. Mit jedem Schritt, den ich weiterging, flogen überall ganz nah kleine braune und rötliche Vögel auf und schwirrten über die Büsche, die umgefallnen Bäume und das schnelle Wasser des Bachs davon. Es war feucht da unten und ein ganz kleines bisschen unheimlich am schwarzen Wald, aber noch mehr verlockend.

Dann sind wir wieder an Dörfer gekommen, wo solche Bäche ins Meer fließen. Da standen an den feuchten Ufern große und kleine Störche und an den Häusern standen wieder diese gesattelten Pferde von den Männern mit den Ponchos und den Hüten.

Gegen Mittag sind wir wieder nach Norden gefahren, an die Stelle, wo der breite Fluss fließt mit der sanften Halbinsel darin, sind da aber abgebogen zur alten Stadt Ancud, die am Meer liegt und früher einmal eine große Festung hatte. Von den Resten der Festung aus, die oben auf der Höhe lag, sahen wir das graue und wilde Meer unter uns und vor uns liegen, außerdem regnete es furchtbar, und wenn ich die Insel nun nicht ein bisschen gekannt hätte, hätte ich leicht denken können, dass sie ganz unwirtlich sein müsste und gar nicht gut für Menschen. Aber zum Glück wusste ich es ja nun besser.

Die große Fähre hat uns wieder ans Festland gebracht und halb in der Dämmerung haben wir die alte Fischerstadt Calbuco erreicht. Da sieht es auch noch aus wie vor hundert oder zweihundert Jahren, und die Fischer fahren auf breiten kleinen schwarzen Segelschiffen aufs Meer, wie immer schon.

Für meinen Freund Hardy waren viele Sachen, die wir gesehen hatten, auch ganz neu, obwohl er doch da in der Nähe wohnt. Aber er wusste nicht so viel von Darwin wie ich, und wenn man so einem alten Forscher folgt, dann wird man ja ein bisschen selber einer und entdeckt Gegenden, von denen die Leute, die dort wohnen, glauben, es sei da gar nichts los.

So haben Hardy und ich dann noch ganz lange im Hotel gesessen und über alles geredet. Natürlich weiß er über die Gegend sehr viele Sachen, die ich nicht wusste. Darüber hat er mir so viel erzählt wie ich ihm über Darwin und nun wissen wir beide viel mehr als vorher.

An einer verborgenen Stelle der Insel Chiloé, sagte er, soll es Achate geben. Er will nun herausbekommen, wo die Stelle ist, und wenn ich wiederkomme, wollen wir uns einen Weg durch den Wald bahnen und die Achate suchen.

26. Brief

Der Llanquihue-See:
Landschaft von Menschen · Der See und die Geister
Das warme Bad · Essen am See · Matetrinker ·
Und weiter!

Gestern Morgen, als wir uns ausgeruht hatten von unseren Abenteuern auf der großen Insel Chiloé und von dem Reden darüber, ist Hardy mit seiner Frau und seinen beiden Kindern zum Hotel gekommen und wir sind in die andre Richtung gefahren, auf die Berge zu. Die Kinder heißen Evelyn und Xavir, Evelyn ist zehn, Xavir acht.

Erst ging es, wie üblich, lange durch den Nebel, fast bis hin zur Stadt Osorno. Da sind wir abgebogen und direkt auf die Anden zugefahren, auf einer Straße, die dann über die Berge hinüber nach Argentinien führt.

Da verschwand der Nebel allmählich und links und rechts von der Straße kam die herrlichste Landschaft hervor. Das sind ganz ungeheuer weite Rasenflächen, auf denen verstreut große einzelne Bäume stehen, manchmal auch ein paar Bäume zusammen. Sie wachsen direkt aus dem Rasen auf, wie Riesen, die ein weites grünes Land bevölkern. Manchmal stehen, von mehreren Bäumen umgeben, große Häuser in diesem Land. Hinten steigen große Hügel auf, sanft und großartig, und oben schließen die Bäume sich zu Wäldern zusammen.

Das ist so eine Landschaft, die Menschen gemacht haben. Menschen machen mit Landschaften ja oft Unsinn, aber hier waren sie klug, so klug, dass man sich denkt: Ob Gott das so gut hingekriegt hätte, ist aber wirklich eine Frage. Vielleicht hat er sich aber auch gesagt: Jetzt will ich die Menschen mal selber eine Landschaft bauen lassen – und dann war er vermutlich sehr erstaunt, wie gut die Menschen das konnten, oder womöglich war er auch stolz auf sich selber, weil er so kluge Menschen gemacht hatte und dann auch noch den guten Einfall hatte, sie selber sich eine Gegend bauen zu lassen.

Dann kamen links und vorn und vorn rechts die Berge immer näher, wurden immer höher, die Straße stieg ein bisschen an, und auf der linken Seite tauchte ein großer See auf, ein See, der immer weiter und größer wurde, zwei bergige Inseln mit grünem Wald hatte und rings von Bergen umgeben war, aus denen dunkelgrüner Urwald herunterkam. Das alles sah unter der Sonne kühn und glänzend und großartig aus, sodass man ganz heiter wurde und das Leben herrlich fand.

Dieser See ist der Lago Llanquihue. Früher einmal hatten die Leute Angst vor ihm, sie glaubten, dort lebten Geister und Untiere. Das waren Leute, die bei solchen Gedanken diesen See nun auch wirklich nicht verdient hatten, das muss man sagen. Dann entdeckten aber die richtigen Leute den See wieder – und sie entdeckten noch etwas: dass nämlich ein Stück in den Bergen drin Quellen mit heißem Wasser entspringen.

Dieses heiße Wasser haben sie dann mit kühlerem Wasser gemischt und in Becken geleitet und in so ein Becken in einer großen Holzhalle sind wir dann alle gesprungen und haben uns eine Stunde lang darin vergnügt. Das Wasser ist ungefähr so warm wie man selber, und da merkt man dann, wie warm es in einem ist. Xavir hat schwimmen geübt, Evelyn Kopfsprung und dann sind wir alle entsetzlich hungrig geworden. Hardy jedenfalls, der manchmal ein sehr lustiges Deutsch spricht, sagte, er sei *abscheußlich* hungrig.

Unten am See haben wir dann den richtigen Platz zum Essen gefunden, den richtigen Platz, wenn man so hungrig ist, wie wir waren. Da steht ein großes weites Holzhaus mit gedeckten Tischen drin und Stühlen daran, an einer Stelle brennt ein großes Holzfeuer unter einem schirmartigen Rauchabzug, und an einer andern Stelle, unter einem großen Rost, glüht Holzkohle. Dorthin geht man; denn dort, neben dem Rost, liegen aufgeschichtete Berge von Fleisch, Rindfleisch, Schweinefleisch, halbe Hühner, Fleisch mit Knochen, Fleisch ohne Knochen, lauter riesengroße Stücke.

Ein solches Stück sucht man sich aus, das wird gebraten, und bis es fertig ist, bereitet man sich aufs Festmahl vor, indem man kleine salzige Küchlein mit einer scharfen Gewürzsoße isst und zum Beispiel Pisco sauer dazu trinkt, das ist eine sehr belebende Mischung aus Schnaps, Zucker und Zitronensaft, aber der Schnaps hat die Mehrheit.

Danach haben wir die Riesenstücke Fleisch gegessen und Bier dazu getrunken, alles da in dem herrlichen Haus am See am Fuß der Berge mit dem heißen Wasser. Und danach haben wir Kaffee getrunken und sind am See spazieren gegangen.

Am Nachmittag ging es dann am See wieder zurück durch die wunderbare Landschaft mit den großen Bäumen hindurch, im Hintergrund standen die schneebedeckten alten Vulkane Osorno und Calbuco. In Puerto Montt war es fast dunkel und Hardy hat mich noch zu sich ins Haus eingeladen, zu einem Mate. Dazu tut man in einen breiten großen Becher eine besondere Sorte grüner Teeblätter, das ist Mate, und zwar so viel davon, dass der Becher zu einem Drittel voll ist. Dann gießt man entweder heißes gesüßtes Zitronenwasser und Schnaps dazu, sodass der Becher gut halb voll ist, oder heiße gesüßte Milch. Man rührt nicht um, sondern steckt ein silbriges Röhrchen hinein, das unten ein kleines ovales Sieb hat, wie ein geschlossener Löffel etwa, und dann saugt man die süße heiße Teeflüssigkeit in sich hinein. Nach dem Saugen gibt man den Becher mit dem Röhrchen an den nächsten Teetrinker weiter, der füllt den Becher wieder auf, trinkt, und so geht es reihum, bis alles ausgetrunken ist.

Dabei wird man ganz munter und fröhlich.

Danach hat Hardy mich ins Hotel zurückgefahren. Im Hotel saßen ein paar Leute, die hier im Land wohnen, aber an andern Orten. Wir haben uns dann zusammengesetzt und über Chile geredet, über das Meer mit den Inseln, über die gewaltigen Anden mit den Vulkanen, über die fruchtbaren Landschaften, über die Erdbeben, über die kalten Gegenden und über Feuerland.

Denn die Sache ist so, dass ich in einer Stunde noch weiter in den Süden fliegen will, ganz weit hinunter, bis nach Feuerland. Nun bin ich schon einmal so weit geflogen, da wär ich blöd, wenn ich nicht noch weiter in den Süden ginge, zumal eben mein alter Freund Darwin auch dort unten war.

Wenn das so weitergeht, werd ich noch zu einem richtigen Dickschädel. Denn ich setze mir immerzu einfach etwas in den Kopf, sodass ich's dann richtig will, und dann setze ich Himmel und Erde in Bewegung, um es auch zu tun. Manchmal sagen die Leute, das würde ich nicht schaffen, aber darauf achte ich überhaupt nicht. Natürlich geht es nicht immer ganz so, wie ich will, aber ich versuch's doch, und auf die Weise schaffe ich meistens mehr, als die Leute glauben.

Mein Freund Hardy ist auch schon ganz wild geworden und würde am liebsten mit in den Süden fliegen, aber er hat ja seine Arbeit hier. Also werde ich allein entdecken, wie es da unten aussieht und was für eine Gegend dieses ferne Feuerland ist.

27. Brief

Feuerland:
Über Balmacera nach Punta Arenas · Flugzeug her!
Die Magellan-Straße · Der Gletscher · Über Berge und Wolken
Der Beagle-Kanal · Über dem sanften Feuerland

Das große Flugzeug aus Santiago flog dort erst vier Stunden später ab, als es hätte sollen, denn in Puerto Montt war der Nebel so dicht, dass es vorher gar nicht hätte landen können. Dann kam es aber, der Nebel war verschwunden und es startete und flog mit mir ab in den Süden.

Zuerst sah man Stücke der wilden Inselwelt Chiles. Dann kamen wir in dichte Wolken. Nach einer knappen Stunde ging das Flugzeug in abscheulich engen Windungen durch die Wolken nach unten und machte eine Zwischenlandung auf dem Flugplatz Balmacera. Balmacera ist gar nichts, bloß die Piste mit ein paar Baracken daneben. Rundherum ist eine riesige Weite von wüstem braunem Land, ganz flach; am Rand dieser Weite, sodass man es gar nicht so genau erkennen kann, steigt das Land rundherum an wie ein Tellerrand, und gleich über dem Tellerrand begann die Wolkendecke über dieser kahlen Welt.

Dann ging es noch einmal fast eine Stunde lang weiter, und um halb fünf landeten wir in Punta Arenas, der südlichsten großen Stadt auf der Welt. Zwei nette Leute nahmen mich in ihrem Auto mit in die Stadt hinein und es war so früh schon fast dunkel. Als ich am Fenster in meinem Hotelzimmer stand, ganz oben in einem Hochhaus, konnte ich unten gerade noch das Wasser der Magellan-Straße erkennen, und so war ich also wirklich dort, wohin ich gewollt hatte. Denn auf der anderen Seite der Magellan-Straße liegt Feuerland.

Als ich am nächsten Morgen aufwachte und wieder aus dem

Fenster schaute, lagen Feuerland und die Magellan-Straße unter einem wolkenlosen blauen Himmel, sodass ich aufs Neue ganz wild wurde und mich gleich nach dem Frühstück auf den Flugplatz fahren ließ. Dort waren nur ganz wenige Leute, und ich hab einfach so lange geschrien, dass ich jetzt unbedingt ein kleines Flugzeug brauchte, das mich noch weiter in den Süden brächte, bis ich endlich an einen Mann geriet, der sagte, er hätte so ein Flugzeug, aber heute ginge es nicht. Ich hab wieder einmal meinen Spruch gesagt, nämlich dass ich ein Schriftsteller aus dem alten Deutschland bin und sein muss, wo Darwin war, und da hat der Mann, zu dem sich mittlerweile noch der Oberbestimmer des Flugplatzes gesellt hatte, gesagt, er wisse nun doch noch eine Möglichkeit: Ich dürfe zwei Stunden lang bestimmen, wo wir langfliegen wollten, dann müssten wir an einem bestimmten Platz im Süden sein, wo Leute warteten, die geradeaus und ohne Umwege zurück nach Punta Arenas gebracht werden wollten.

Eine Stunde, die ich noch warten musste, hab ich dann mit dem Flugplatzbestimmer verbracht. Er sagte, dieses Wetter heute sei das reinste Wunder, manchmal könne man jetzt im Winter geschlagene drei Wochen lang nicht in den Süden fliegen. Als ich ihn fragte, ob man denn heute bis ganz ans Ende aller Inseln Amerikas fliegen könne, bis dorthin, wo die großen Meere zusammenkommen, sagte er: Schon das, was der Pilot jetzt mit mir vorhabe, sei eine Sache, die nur ein sehr guter Pilot wagen dürfe, aber ganz nach Süden zu fliegen sei nun wirklich zu gefährlich.

Nach einer Stunde, es war gerade Mittag, kam der Pilot, und wir sind zu seinem Flugzeug gegangen, einem stark aussehenden kleinen Flugzeug mit zwei Propellern.

Ich durfte mich neben ihn vorn ins Cockpit setzen, das Flugzeug sauste los, hob ab, und die Reise ging los an den allersüdlichsten Ort, an dem Menschen wohnen.

Der Pilot flog ganz tief über dem Wasser zuerst die Magellan-Straße entlang. Dieser große und sehr gewundene Kanal, der die großen Meere verbindet, den Atlantik und den Pazifik, sieht natürlich nach gar nichts Besonderem aus; er ist eben ein ziemlich breites Wasser mit flachem Land an beiden Seiten. Viele lange Buchten und viel Wasser zwischen Inseln sieht so aus. Das Besondere ist, dass dies eben keine der Buchten ist, die nicht weitergehen, sondern dass dies der Weg zwischen den beiden Ozeanen ist und dass die alten Seefahrer diesen Weg in dem ganzen Wasser-, Land- und Inselgewimmel wirklich gefunden haben.

Erst wenn man daran denkt, während man das Wasser unten sieht, wird das Wasser zu etwas Besonderem, nämlich zur Magellan-Straße. Wenn man nichts weiß und nicht denkt, entgeht einem das Besondere und man würde über die Magellan-Straße fliegen und sie eigentlich gar nicht erkennen. Die Augen gucken scheint's erst richtig, wenn auch die Gedanken bei der Sache sind.

Über das berühmte Fort Bulnes sind wir geflogen, von dem aus man mit Kanonen jedes Schiff am Weiterfahren hindern konnte, und dann in eine große Bucht hinein nach Osten. Links auf der Küste Feuerlands und rechts auf Inseln ragten jetzt wild zerklüftete Berge auf, mit Schnee bedeckte Berge, zwischen denen wir hindurchflogen, sodass ihre Spitzen oft höher waren als wir.

Rechts öffnete sich dann eine schmale Bucht, und als wir ganz hineinschauen konnten, sahen wir am Ende einen weißen Gletscher, der hoch aus den Bergen in einer gewaltigen Kurve herabkam und am Ende der Bucht leuchtend ins Meer mündete.

Mittlerweile hatten sich alle Berge bewölkt, und wir mussten, obwohl wir nach rechts hatten fliegen wollen, geradeaus weiter, dorthin, wo die Berge am Ende unsrer Bucht zu einer engen Schlucht zusammenkamen, die sich erst weit hinten wieder für eine neue Bucht öffnete, und diese Schlucht war mit dichten Wolken bedeckt. Wir waren vielleicht fünfhundert Meter hoch, aber jetzt jagten wir wegen der Wolken steil in den Himmel hinauf, und kurz vor der Schlucht hatten wir's geschafft und waren höher als die Wolken, knapp über zweitausend Meter hoch.

Nun waren unter uns nur noch Wolken und nichts mehr von Land, Wasser und Bergen. Nach einem Weilchen öffnete sich rechts in den Wolken eine Wolkenschlucht in einem weiten Bogen wieder nach rechts. In diese Schlucht steuerte der Pilot das Flugzeug und wir sausten in einer ungeheuren Kurve steil nach unten. Am Ende der Schlucht teilten sich die Wolken, Wasser erschien unter uns: Wir waren über dem Beagle-Kanal, über dem wir noch ein paar enge Schleifen machen mussten, und dann landeten wir auf der Schotterpiste von Fuerto Williams.

Dort war es kalt und alles sah kalt aus: das graublaue Wasser, die schneebedeckten Berge zu beiden Seiten des Kanals, die braunen Felsen, der kleine Ort dazwischen. Man sah es nicht, aber ich dachte, dass Darwin hier also mit dem Schiff Beagle gewesen war, und ich war ein bisschen stolz, dort nun auch zu sein.

Die Passagiere stiegen ein, ich durfte wieder nach vorn zum Piloten, ich kam mir vor wie der Vizekönig von Feuerland. Es ging steil hinauf, über die Berge unter den Wolken hinweg, über den Wolken, dann rissen die Wolken auf, die Berge wurden flacher, wir flogen der Sonne entgegen nach Nordwesten, und unter uns breitete sich, von der niedrig stehenden Sonne beschienen, die Terra del Fuego aus, die große Insel Feuerland. Das ist hinter den Bergen ein sanftes weites Land, eine Ebene, die aussieht, als wäre sie aus grünbraunem und dunkelgrünem Moos gemacht, mit kleinen Gewässern darin, als hätte man mit Moos eine große Wasserfläche zudecken wollen, aber nun schimmert das Wasser doch an manchen Stellen noch durch das Moos.

Ein Vizekönig von Feuerland hätte zwar über niemanden zu herrschen als über ein paar Tiere, die allein dort wohnen, aber er hätte ein wunderbares Land, ein kaltes Land sicher, aber ein moos- und edelsteingrünes Land, ein Land, auf dem nichts wächst, was man brauchen könnte, ein Land nur für die Augen, die Schönheit entdecken können, bloß Schönheit und gar nichts weiter, ein Land für goldene Augen.

Als die Dämmerung kam, waren wir wieder an der Magellan-Straße, und mein kühner Freund neben mir landete das Flugzeug sicher auf dem Flugplatz von Punta Arenas. Später am Abend kam er noch in mein Hotel und wir haben lange über dies und das und alles Mögliche geredet, und am nächsten Morgen bin ich durch Regen und Wolken wieder nach Santiago geflogen.

28. Brief

Der schreckliche Mensch · Das Paradiestal
Küste mit Nebel, Seelöwen und Pelikanen · Valparaiso
Der Pelikan · Samtschatten · Über Guayaquil nach Quito
Der Film und die Wüste · Flug ins Land
Flugzeugschatten · Die fremde Stadt

Santiago liegt mitten in Chile zwischen den hohen Anden und der braunen Küstencordillere, und so hab ich mir am Tag, nachdem ich in der großen Stadt wieder gelandet war, ein Auto mit einem Fahrer gemietet, um über die Küstencordillere ans Meer und in die Hafenstadt Valparaiso zu fahren.

Der Tag war schön, aber der Fahrer, ein alter Mann, der Deutsch sprach, war schrecklich dumm und brabbelte in einem fort, er faselte regelrecht und sagte alles dreimal, und zwar gleich hintereinander. Außerdem musste er immerzu austreten, wie er das nannte. Kaum ging ich in eine Bank, um Geld zu wechseln, da verschwand er hinten irgendwo zum Austreten. Als ich in ein Gartenlokal ging, weil ich etwas trinken wollte, stand ich plötzlich allein da, er war wieder austreten gegangen. Das wäre nicht so schlimm gewesen, wenn er mich nicht jedes Mal auch noch gefragt hätte, ob er mal austreten dürfe. Dann kam er wieder und sagte: Ich war austreten. Ich hab ihn nach einiger Zeit wirklich nicht mehr leiden mögen.

So sind wir also ins braune Küstengebirge hineingefahren, auf den Bergen wachsen nur Sträucher und Kakteen. Aber dann kamen wir in ein weites Tal, das seit zweihundert Jahren durch einen Kanal künstlich bewässert wird. Da gibt es große Wiesen mit Rinderherden, Eukalyptus- und Feigenbäume, Mandeln wachsen dort, Nüsse, Avocados, in Gärten stehen dunkelgrüne Orangen- und hellgrüne Zitronenbäume, große schöne Trauerweiden werfen Schatten auf feuchtes Land, herbstbraune Weingärten ziehen sich an der Straße entlang, und Melonen und Kürbisse liegen in Gärten vor großen Landhäusern, die von großen Bäumen umgeben sind. Das ist ein halbes Paradies zwischen diesen braunen Bergen und mitten in diesem Paradies haben wir einen herrlich kühlen frischen Most aus Trauben getrunken.

Dann fuhren wir durch die letzten Berge vor der Küste, und alles war weiß von einem dichten Nebel, der über dem Meer lag und alles bedeckte, was da war. Durch den schönen Badeort Vina del Mar sind wir gefahren, dann am Meer ein Stück nach Norden hinauf. Das Meer hatte große Wellen, die hier an schwarze wilde Felsen schlagen, die aus dem Meer aufragen. Gleich an der Küste beginnen sandige Hügel, an denen ganz abenteuerlich auf Holzpfählen Häuser kleben bis unten hin an die Straße, an der an etwas breiteren Stelle kleine Dörfer entstanden sind.

Man konnte nur ungefähr hundert Meter weit sehen. An einer Stelle, wo die Straße einen Bogen um eine kleine Bucht macht, hab ich den Fahrer anhalten lassen und bin ausgestiegen. Denn auf einem großen Felsen im Meer lagen hoch über dem Wasser fünf oder sechs Seelöwen und ein paar andre spielten in den großen Wellen um den Felsen herum. Dann kam ein Dutzend Pelikane geflogen und zog unter dem Felsen über das Wasser. Der dusselige alte Mann war längst wieder im Auto verschwunden, es sei zu kalt, sagte er, am liebsten wäre er wahrscheinlich wieder ausgetreten.

Valparaiso liegt auf vielen Hügeln, und es war schön, wenn aus dem Nebel plötzlich blasse Gebäude oben auftauchten oder eine Mauer, die einen Friedhof auf einem Berg mitten in der Stadt einschließt. Aber mein Fahrer war nun auch noch hungrig geworden und lotste mich in ein Lokal, in dem er erst austreten ging und dann umsonst was zu essen kriegte, weil er mich mitgebracht hatte, und ich bezahlte ja. Das Essen war aber so schlecht, dass ich eigentlich Geld dafür hätte bekommen müssen, dass ich es überhaupt aß.

Neben dem Lokal ist aber der alte Fischerhafen von Valparaiso. Das ist eine kleine Bucht zwischen der Straße und bunten Häusern, die auf Felsen stehen. Die grauen Wellen schlugen ans Ufer, auf dem die kleinen Fischerboote lagen, mit Farben gestrichen, die in dem Wetter merkwürdig alt und verwittert aussahen. Auf einem Felsen dicht vor mir hockte ein großer Pelikan, fast unbeholfen mit seinem langen Schnabel. Aber dann klatschte ich in die Hände, und ganz verächtlich und ruhig, ohne sich umzusehen, hob er die riesigen Flügel auf, flog mit langsamen Schlägen dicht über dem Wasser fort und verschwand im Nebel wie ein großer Vogelgeist.

Als wir wieder durch das schöne Tal fuhren, mischten sich schon Dunst und Abenddämmerung, die Berge waren hell- und dunkelgraue Samtschatten mit kaum sichtbaren Tönen von Braun, Grün und Violett. Das war wieder ein Ort, von dem ich mir vorstellen könnte, dass einer gern dort bliebe.

Am nächsten Tag bin ich in Santiago noch einmal herumgebummelt, hab den Abend mit meinen Freunden dort verbracht und bin am nächsten Morgen weitergeflogen, viereinhalb Stunden zuerst bis Guayaquil.

Es ging übers Meer und nach drei Stunden wieder aufs Land zu, auf gelbes Land. Als ich das Land sah, ging im Flugzeug ein Film los, und alle Leute zogen die Jalousien vor die Fenster, nur ich nicht. Da kam dann auch gleich eine Stewardess und sagte, ich solle doch bitte mein Fenster dunkel machen. Ich sagte freundlich: No, und guckte weiter raus. Nach einer Weile kam eine andre Stewardess, der sie wohl mehr zutrauten, und sagte schon etwas dringlicher, ich solle nun doch bitte das Fenster dunkel machen. Ich sagte wieder: No. Da guckte sie ziemlich komisch, aber ich hatte dann Ruhe. Schließlich, dachte ich, ist es mein gutes Recht, aus dem Fenster zu gucken. Überhaupt lasse ich mich nicht so bestimmen und außerdem hatte ich Geburtstag.

Und dann, während also dieser ziemlich lustige Film losging, über den ich sonst vielleicht auch gelacht hätte, erschien rechts die Wüste, ein gelbes und braunes Land unter der heißen Sonne, ein Land mit Bergen und Felsen und sonst mit gar nichts. Die Sonne stand sehr hoch, die Berge warfen keine Schatten, nichts bewegte sich. Aber das Gelb und Braun hatten unheimlich viele Schattierungen, sodass, wenn man lange hinschaute, die Wüste fast farbig wirkte und spannend wie ein Rätsel.

Als ich zwischendurch einmal auf den Film schaute, hatte ich's heraus: Nicht die Wüste war langweilig, sondern der bunte Film. Die Filmbilder sind schon für die Augen zubereitet, die sofort alles wiedererkennen, weil sie es schon kennen. Die Wüste ist einfach da, für gar keine Augen zu Bildern zurechtgemacht, und die Augen müssen erst lernen, was es zu erkennen gibt.

Genauso lernen wahrscheinlich die Kinder sehen und können dann Dinge unterscheiden. Dann werden die Augen allmählich faul und meinen, nun kennten sie alles. Aber an der Wüste sieht man, dass das nicht wahr ist, und ich glaube, wenn man das, was man zu kennen meint, so anguckt wie ich die Wüste, dann könnte man auch wieder überall die allererstaunlichsten Dinge sehen.

Ganz langsam schlichen sich ins Gelb und Braun grüne Töne ein, abgegrenzt, von Menschen gemacht, dann erschienen Häuser, Dörfer, Straßen. In Tälern war das Grün breiter, aus den Tälern gingen wie hingeschlängelte Fäden von weißem Zwirn Straßen auf Höhen, auf denen wieder Dörfer lagen. Die Berge wurden immer höher, bedeckten sich schließlich mit Schnee und in schneebedeckten Bergen lagen Kraterseen mit hellgrünem Wasser. Dann blieben die Schneeberge zurück, das Land wurde weiter und grüner, man sah Flüsse und große Dörfer, das Flugzeug flog jetzt niedriger, die Flüsse wurden breiter, Kanäle durchzogen grüne Wälder, die feucht und undurchdringlich aussahen, Boote erschienen auf den Flüssen und Kanälen, dann Schiffe, das Flugzeug flog dicht über die Schiffe hinweg, das Meer öffnete sich und wir landeten in der Hafenstadt Guayaquil.

Es war heiß und schwül draußen.

Nach einer halben Stunde ging es weiter, wieder sehr hoch hinauf, über die Wolken. Dann kam etwas Sonderbares. Wir flogen dicht über einer Wolkendecke, schräg halbhoch am Himmel links von uns war die Sonne, und die warf nun den Schatten des Flugzeuges auf die Wolken, erschien aber selber auch noch als ein Farbenkreis, in dessen Mitte der Flugzeugschatten flog und über die Wolkendecke tanzte. Wenn die Wolken einen Hügel bildeten, kamen der Schatten und der Farbenkreis plötzlich groß ans Flugzeug herangeschossen, dann glitten sie wieder klein ins Wolkental hinab.

Kaum waren wir dann ganz oben, ging es schon wieder hinunter, aber gar nicht viel. Denn die Stadt Quito, in die wir wollten, liegt selber oben in den Wolken auf einer Hochebene, dreitausend Meter über dem Meer, sodass das Flugzeug fast oben bleiben kann. Ein einzelner riesiger Berg ragte da noch in der Ferne schneebedeckt aus den Wolken heraus, das war der alte Vulkan Chimborasso.

Quito ist eine riesengroße Stadt, aus der Hochebene auf Hügel ansteigend, die die Ebene rings umgeben. Einen Tag bin ich in dieser fremden Stadt spazieren gegangen und meine Augen haben wieder eine Menge lernen müssen. Für Augen, die zu wissen glauben, wie Städte aussehen, sehen manche fremden Städte gar nicht wie Städte aus, sondern etwa wie schmutzige riesige Dörfer. Man lernt dann aber langsam, dass das keine schmutzigen Dörfer, sondern eben doch große Städte sind, sogar schöne Städte, nur auf einem Erdteil, den die Augen noch nicht kannten, und mit Leuten darin, die anders leben als wir.

Dann war ich furchtbar müde, hab gegessen, mit Leuten geredet, getrunken, hab mich ins Bett gelegt und ganz viel geträumt, von merkwürdigen und unheimlichen Tieren, sodass ich ein paar Mal ganz erschrocken aufgewacht bin.

Allmählich wurde mir das zu bunt, ich bin ganz wach geworden, und dann hab ich den Grund gesehen, warum ich so komisch träumte.

Insgeheim nämlich hatte ich offenbar immerzu im Kopf gehabt, dass ich morgen früh auf die Galapagos-Inseln fliegen will.

DIE GALAPAGOS-INSELN

29. Brief

Von Quito über Guayaquil auf die Inseln · Geier
Kaputtes Flugzeug · Busse und Fähren · Nicht allein

So ging es morgens mit dem Flugzeug wieder hinab nach Guayaquil in die heiße und schwüle Hafenstadt. Über dem Flugzeug kreisten unablässig sieben große Geier. Es sollte in Guayaquil um neun Uhr weitergehen und das Flugzeug mit uns an Bord rollte auch einigermaßen pünktlich auf die Piste. Aber dann, statt Anlauf zu nehmen zum Hochsteigen, rollte es einfach wieder zurück zu seinem Parkplatz. Vorn im Cockpit war nämlich eine Scheibe zerbrochen, und mit einer zerbrochenen Scheibe ist das Fliegen wohl nicht so gut möglich, das hätte dann hinterher höchstens den Geiern gefallen.

Wir mussten aussteigen, und dann haben wir fünf Stunden lang im Flugplatzgebäude gehockt, Kaffee getrunken, etwas gegessen, Bier getrunken und gewartet, dass die Leute das Flugzeug wieder in Ordnung brachten. Die Geier kreisten die ganze Zeit unermüdlich am Himmel; für sie ist das Warten überhaupt kein Problem, und eine zerbrochne Flugzeugfensterscheibe ist ja immerhin schon etwas, wie Tellerklappern etwa, wenn man Hunger hat.

Aber an dem Tag haben sie doch umsonst gewartet. Ich sagte zu jemandem, mit dem ich da sprach, ich werde mir jetzt einen doppelten großen Whisky bestellen, nach meiner Erfahrung klappten alle Sachen daraufhin dann immer ganz rasch. Ich bestellte ihn also, und kaum hatte ich ihn halb getrunken, da war die Scheibe wieder ganz, und ich musste sehr schnell trinken, um noch mit ins Flugzeug zu kommen.

Es war übrigens ein schönes Flugzeug mit vier Propellern. Das fliegt nur halb so hoch und halb so schnell wie die normalen Düsenflugzeuge, geht nicht steil in den Himmel, sondern hebt nur ganz allmählich von der Erde ab. Krach macht's aber auch ganz nett.

Dieses Flugzeug flog nun über zwei Stunden lang übers Meer, dann überflog es – schon viel niedriger – eine gar nicht kleine Insel, dann nach ein paar Minuten noch eine Insel, und dann landete es auf einer topfebenen Insel, auf der nichts war als die Piste mit einer Baracke daneben und sonst Kakteen, alle fünf Meter einer oder so, und Sonne und Wind.

Wir setzten uns in einen sehr klapprigen blauen Bus und fuhren zehn Minuten lang auf weit hinten ganz sanft ansteigende Berge zu, die nach links und rechts ebenso sanft abfielen. Nach diesen zehn Minuten war die Fahrt zu Ende; denn das Inselland fiel plötzlich zehn Meter steil ab. Hundert Meter weiter stieg es senkrecht zehn Meter hoch an, als ob es eigentlich dasselbe Land wäre, aber zwischen dem auseinander gerissenen Land lag unten ein Kanal mit tiefblauem Wasser.

Der Bus fuhr abenteuerlich zu einer Anlegestelle hinab, wir mussten aussteigen, mit dem Gepäck über ein Brett in ein schaukelndes Boot steigen. Das Boot tuckerte zur Anlegestelle auf der andern Seite des Kanals hinüber. Drüben wartete, nachdem wir über ein Brett und schwarze Holpersteine glücklich ans Ufer gekommen waren, ein sehr klappriger roter Bus auf uns, und dann ging es anderthalb Stunden auf einer sehr staubigen Schotterstraße die sanften Berge hinauf und auf der andern Seite wieder hinab an blattlosen silbergrauen Bäumen vorbei, durch grüne Wäldchen hindurch, an kleinen Viehweiden entlang über die ganze Insel Santa Cruz (das Stück mit dem Flugplatz drauf hatte übrigens Baltra geheißen). An diesem Ufer der Insel, an das wir dann kamen, liegt an einer Bucht das Örtchen Ayora.

Dort mussten wir aussteigen und in ein kleines Boot einsteigen, wir waren ja mittlerweile immer weniger Leute geworden, weil nicht alle ins selbe Hotel wollten wie ich. Das Boot fuhr uns in ein paar Minuten über die kleine Bucht wieder zu einer Anlegestelle, von dort ging es zu Fuß über einen Sandweg an eine andre kleine Bucht an der Bucht und dort war mein Hotel.

Es waren noch vier Leute in meinem Hotel: Angela und Carol, zwei Amerikanerinnen, und Monica und Franzisco, ein junges Ehepaar aus Quito. Die hatten vor, am nächsten Morgen mit einem größeren Schiff übers Meer zu ein paar andern Inseln zu fahren, und weil ich so etwas ja auch vorhatte, hab ich mich ihnen angeschlossen.

Denn auf diesen wunderlichen Inseln lassen sie einen kaum etwas allein tun, höchstens pinkeln und so. Fast alles ist Naturschutzgebiet, auf das man nur mit einem Führer darf, und der Führer geht eben mit Gruppen. Die Schiffe, die zwischen den Inseln fahren, fahren auch nur mit Gruppen.

Ich mag so was nicht, aber die Bestimmer der Inseln meinen, dass es nicht anders geht, und so saß ich in der Falle. Angela, Carol, Monica und Franzisco waren aber, wie sich dann herausstellte, sehr nette Leute.

30. Brief

Die Insel Plaza:
Der Äquator · Die Leguane · Die Seelöwen
Tölpel und Fregattvogel · Kein Ort für Menschen

Frühmorgens sind wir aufgebrochen und mit dem großen
Schiff, auf dem zehnmal mehr Leute Platz gehabt hätten,
aus der Bucht herausgefahren auf die ruhigen und großen
Wellen des Meers. Es war sehr wolkig, die Spitzen der Vulkan-
insel Santa Cruz konnte man zuerst gar nicht sehen. In der
Ferne erschienen manchmal die Gestalten von Inseln wie
Schatten im Meer. Allmählich verzogen sich die Wolken und
die brennende Äquatorsonne beherrschte den Himmel und
das Meer und das Land.

Der Äquator, wenn ich das richtig verstehe, ist eine Linie,
die die Menschen sich dort um die Welt herum gedacht haben, wo die Sonne mittags weder im Süden noch im Norden
steht, sondern einfach oben, genau über dem Kopf. Wenn sie
einem genau über dem Kopf steht, ist sie einem scheint's
näher als anderswo, wo ihre Strahlen immer ein bisschen
schräg ankommen, und deshalb brennt sie besonders toll.

Damit hängt es wohl auch zusammen, dass der Äquator die
Welt so in zwei Teile teilt, dass, wenn auf der einen Sommer ist,
auf der andern Winter ist, und umgekehrt natürlich. Auf diese
Weise kann in den Gegenden, durch die der Äquator geht,
natürlich weder Sommer noch Winter sein, sondern einfach
nichts oder eben immer dasselbe, und die Tage und Nächte
werden nicht länger und nicht kürzer, sondern bleiben ewig
gleich: Um sechs Uhr morgens geht die Sonne auf, um sechs
Uhr abends geht sie wieder unter, und damit hat sich's.

Schleierhaft ist mir dabei, wie die Pflanzen herausbekommen, wann sie blühen und wann sie Früchte tragen sollen.

Tatsächlich halten sie sich aber an bestimmte Zeiten, und das erkläre ich mir nun so, dass alles, was hier wächst, in ganz andern Gegenden entstanden ist und dass die Samen daran noch immer so etwas wie eine ferne Erinnerung tragen und aus Gewohnheit so weitermachen. So veranstalten die Pflanzen sozusagen auf eigene Faust hier die Jahreszeiten, wenn's wahr ist.

Plaza ist ein sehr kleines Inselchen, nur durch einen Kanal von Santa Cruz getrennt. Man denkt sich, dass es irgendwann einmal durch Vulkanausbrüche oder Erdbeben oder so was aus dem Meer gehoben worden ist, nun liegt's wie eine schräge längliche Platte hier im Wasser. An einer Stelle auf der flachen Seite ist der Landesteg, bei dem man sehr vorsichtig sein muss, weil er immer glitschig und nass ist. Das liegt daran, dass immer ein paar Seelöwen sich auf ihm sonnen. Wenn man mit einem kleinen Boot vom Schiff aus ankommt, richten sie sich auf, knurren ärgerlich, brüllen auch, aber wenn sie merken, dass man wirklich an Land will, lassen sie sich schließlich dazu herbei, ins Wasser zu rutschen und zu planschen.

Um das Boot herum spielen die jungen Seelöwen, das ganze Wasser wimmelt von ihnen. Sie springen hoch, gucken sich um, schwimmen unter dem Boot hindurch und albern miteinander herum. Viele liegen faul auf den Felsen, wo sie dann, wenn sie trocken geworden sind, braun aussehen statt schwarz wie im Wasser.

Zwischen ihnen, in Felsspalten und auf den Felsen, krabbeln Krebse herum, ziemlich große: schwarz, wenn sie noch jung sind, rot und farbig die erwachsenen.

Plötzlich sieht man auch die ersten Leguane. Sie haben nämlich ein bisschen die Farbe der Steine und des Sandes und der Pflanzen ihrer Umgebung, sodass man sie leicht übersehen kann; sieht man aber erst einen, dann sieht man viele. Meist hocken sie still da, ungefähr einen halben Meter lang, mit Drachenköpfen und einem Drachenkamm den halben

Rücken hinab, mit einer Schuppenpanzerhaut und schönen Händen und Füßen, und glotzen stumm in die Gegend. Man kann sich dann vor sie hinhocken, einen halben Meter weit weg nur, und sie auch stumm anglotzen. Sie blinzeln manchmal, bewegen den Kopf ein bisschen, aber wenn sie merken, dass man ihnen nichts tun will, bleiben sie still sitzen. Sie sehen aus, als wenn sie aus uralten Zeiten kämen, und werden umgekehrt, wenn sie einen Menschen da vor sich hocken sehen, wahrscheinlich denken: Ja, solche Tiere gab's zu unsrer Zeit auch noch nicht. Wenn sie keine Lust zum Glotzen oder Denken mehr haben, richten sie sich auf und traben langsam auf allen vieren davon.

An die Seelöwen kann man auch ganz nah heran. Sie wiegen dann die Köpfe und knurren etwas und richten sich auf, aber sonst macht ihnen das nichts. Die Großen sind meist die Bestimmer eines Platzes, und wenn man diesem Platz so nahe kommt, dass sie meinen, man wäre ein anderer Seelöwe, der ein neuer Bestimmer werden will, dann machen sie wilde Bewegungen, reißen das Maul auf und brüllen. Untereinander sieht man sie manchmal streiten: Dann gehen sie wirklich aufeinander los mit aufgerissenen Mäulern und hauen auch mitunter die Köpfe zusammen. Einer von beiden gibt dann aber immer nach, und der andere bleibt dann der Bestimmer oder ist, wenn's andersherum ausgegangen ist, nun der neue Bestimmer.

Bis weit aufs Ufer hinauf sind die Steine ganz weiß. Denn dort tropfen und pinkeln und kacken diese Seelöwen nun schon seit ungefähr einer Million von Jahren, und jede Nacht kommen sie aus dem Wasser und schlafen dort, immer so zweitausend Stück. Tagsüber, zum Sonnen, gehen sie auch weiter hinauf, mitten auf der Insel stolpert man dann plötzlich fast über so ein vor sich hindösendes Riesending.

Sonst ist die Insel mit Flechten bedeckt zwischen den Steinen, mit Flechten, die rot und braun und ziemlich hart sind. Die ganze Insel schimmert in diesen trocknen Farben. Darüber stehen zerstreut stachlige Kakteen gegen den Himmel und das Meer.

Wo man sich den Klippen an der hohen und steilen Seite der Insel nähert, beginnt das Reich der Vögel. Der häufigste ist der blaufüßige Tölpel, der groß ist wie eine Riesenmöwe, in den Klippen nistet und nach Fischen taucht.

Man sieht auch eine Möwenart mit einem weißen Streifen oben am Schnabel. Dieser Vogel holt für seine Jungen nur nachts Fische. Die Jungen können ihn dann am weißen Streifen gut erkennen. Er füttert sie nur nachts, weil ihm tagsüber der große Fregattvogel die Beute abjagen würde.

Dieser Fregattvogel ist der größte hier und überhaupt ein sonderbarer Geselle. Wenn er seine Flügel ausspannt, messen sie von Spitze zu Spitze fast zwei Meter, und der ganze Vogel ist nur zwei oder drei Pfund schwer, sodass er wunderbar leicht in der Luft liegt und herrlicher fliegt als alle andern Vögel diese Insel. Er schwebt und gleitet nur, man sieht ihn fast niemals einen Flügelschlag tun.

Er ist ein großer Räuber. Wenn ein Tölpel einen Fisch gefangen und verschlungen hat und fröhlich davonfliegt, kommt von oben der Fregattvogel angesaust, schwarz und lautlos, greift den Tölpel mit den Fängen und schüttelt ihn im Flug, bis der Tölpel seine Beute ausspuckt. Dann schießt der Fregattvogel nach unten und fängt sich das, was eben noch dem Tölpel gehörte. Immer gelingt ihm das natürlich nicht, sonst gäb's ja keine Tölpel mehr, und einmal hab ich einen schönen Trick gesehen: Da flog ein Tölpel, der Beute gemacht hatte, ein Fregattvogel wollte sie schnappen – aber die ganze Zeit war hinter dem Tölpel ein andrer Tölpel geflogen, und in dem Augenblick, als der Fregattvogel die Beute aus dem vorderen Tölpel herausgeschüttelt hatte, war der hintere Tölpel da und schnappte sie sich.

Nun hat aber der Fregattvogel, so räuberisch er aussieht, wirklich ein Problem. Sein Gefieder ist nämlich nicht öl-getränkt, und so kann er nicht ins Wasser, er würde auf der

Stelle untergehen. Seine Beine sind so kurz und dünn, dass er auch nicht landen kann. Er kann sich also selber keine Fische holen, Landtiere kann er auch nicht fangen – so lässt er das die andern Vögel tun und dann jagt er ihnen die Beute ab.

Das wäre jedenfalls die eine Erklärung. Die andre wäre die, dass er irgendwie mal darauf gekommen ist, andern Vögeln die Beute abzujagen, und da brauchte er dann nicht mehr zu landen, nicht zu tauchen, konnte kurze und dünne Beine haben und ein Gefieder ohne Öl. Bei dieser Erklärung hätte er also gar kein Problem und wäre wirklich so räuberisch, wie er aussieht.

Bevor Darwin, dem ich ja bloß nachreise, selber diese Reise um die Welt machte und sich hinterher dann überlegte, was er nun eigentlich herausbekommen hatte über die Natur, war die normale Meinung über solche Fragen folgende: Gott hat die verschiedenen Arten der Lebewesen, der Tiere und dann eben auch der Vögel so geschaffen, wie wir sie jetzt sehen, also den Fregattvogel mit einem Gefieder ohne Öl, mit dünnen Beinen, und dann hat er ihm eingegeben, auf seine räuberische Art das Leben zu fristen. Nach dieser Meinung war es ganz unnötig, sich nach irgendwelchen Erklärungen für irgendwelche Lebensweisen umzutun.

Darwin war damit nicht zufrieden, er wollte Erklärungen. Ich kenne seine Erklärung für das Leben des Fregattvogels nicht, es ging ihm ja auch nicht um jede Einzelheit, aber wahrscheinlich hätte er ungefähr so gesagt: Irgendein Zufall, vielleicht ein Fehler irgendwann in einer Generation von Vögeln, von denen unsere Fregattvögel abstammen, hatte dazu geführt, dass sie mit einem Male zu wenig Öl in ihrem Gefieder hatten und nicht mehr auf dem Wasser landen und überhaupt nicht mehr weiterleben konnten wie davor. Die meisten starben wirklich, aber irgendwo, begünstigt von Winden, die immer leicht wehten, und getrieben von dem wilden Verlangen, dennoch am Leben zu bleiben, gelang es einer größeren Gruppe dieser Vögel, nun im Flug schon so viel Beute zu machen, dass sie tatsächlich mit der Zeit unabhängig vom Landen auf dem Wasser wurden.

Also kam beides zusammen: Die so schlimm benachteiligten Vögel wären ausgestorben ohne das Öl im Gefieder, und in dieser Not kam ihnen, wenn man so sagen darf, die großartige Idee, andern Vögeln die Beute in der Luft abzujagen. Das wird nicht leicht gewesen sein, auch nicht für die andern Vögel, die jetzt dauernd ihre Beute verloren, und keiner weiß, ob das anderswo nicht schief gegangen ist. Hier aber ist es gelungen, und so ist dann eine neue Art entstanden, eben dieser Fregattvogel, ohne Gott sozusagen, oder an ihm vorbei.

Aber wie immer das sein mag: Er fliegt und fliegt. Sein ganzes Leben verbringt er schwebend und gleitend in der Luft, leicht, wie er ist, kaum schwerer als die Luft selber. Abends steigt er sehr hoch hinauf und dann schläft er, lässt sich schlafend in großen Kreisen von der Luft ganz langsam nach unten tragen, so langsam, dass er wohl fast ausgeschlafen hat, wenn er unten wieder angekommen ist.

An der Klippenseite der Insel windet sich eine Schlucht nach unten. Da sah man im Wasser Schwärme roter Fische, die nach Algen suchten. Auf den Steinen in der Schlucht krabbelten die stummen kleinen schwarzen und großen roten Krebse herum, dazwischen lagen schwarze Meerleguane und schliefen. Ein paar Seelöwen dösten, einer kam schwarz glänzend über die Felsen nach oben geklettert. In der Klippenwand standen die blaufüßigen Tölpel, schwangen sich in die Luft hinaus, stürzten sich ins Wasser und holten sich Fische. Ein weißer Tropicvogel mit langen Schwanzfedern und rotem Schnabel flog mit schnellen Flügelschlägen zwischen ihnen hindurch an der Insel vorbei, und auf dem Boden glitten langsam die dunklen großen Schatten der Fregattvögel entlang, die über der Insel kreisten. Die rostroten Pflanzen lagen wie Teppichstücke zwischen den schwarzen Steinen, die grünbraunen Kakteen standen wild und verstreut herum.

Ringsum war das Meer tiefblau, zur Landseite hin erhob sich hinten dieser sanft ansteigende große Berg, es war glühend heiß, nur der Wind kühlte alles ein bisschen.

Wir, die wir uns das anschauten, gehörten eigentlich nicht dazu. Denn das ist kein Ort für Menschen. Das ist eine Welt aus Wasser, Stein, Sand, Pflanzen, eine Welt für Fische, Seelöwen, Krebse, Vögel. Menschen brauchte es für diese Welt nicht zu geben. Vielleicht brauchte es sie überhaupt nicht zu geben, aber wenn, dann anderswo. Und so ist es ja auch gekommen. Aber für diese Welt hier bleibt das ein Zufall, der gar nichts mit ihr zu tun hat.

31. Brief

Die Insel Seymour:
Tölpelbrutplatz · Hochzeitstanz · Brütende Fregattvögel
Die Delfine · Der Reiher

Wir sind mit dem Schiff wieder aufs Meer hinausgefahren zu der kleinen Insel Seymour, die gleich hinter der Insel Baltra liegt, auf der das Flugzeug gelandet war.

Seymour ist ein Inselchen mit kleinen Bäumen und Kakteen und auf der einen Hälfte der Insel wohnen in einer großen Kolonie die brütenden blaufüßigen Tölpel. Zwischen den Kakteen und den Bäumen, die jetzt gerade keine Blätter haben, haben sie sich im Sand Plätze gescharrt, vier oder fünf oder sechs Meter voneinander entfernt, überall, auch auf dem Pfad, auf dem man über die Insel geht. Und da sitzt das Männchen oder das Weibchen auf einem oder auf zwei Eiern und brütet. Eins von beiden muss immer dort sitzen, denn die Sonne ist so heiß, dass das Innere der Eier ohne Schutz in ein paar Minuten zu kochen anfangen würde. Manchmal waren die Jungen schon ausgeschlüpft, dann sitzen die Eltern aber immer noch über ihnen und schützen sie vor der Sonne.

Manchmal ist bloß der Brutplatz da und noch gar kein Ei. Auf einem solchen Platz stand ein Tölpelmännchen auf seinen blauen Füßen, spreizte die Flügel aus, legte den Kopf in den Nacken, dass der Schnabel nach oben stand, und pfiff dabei, ganz tief und sonderbar. Zehn Meter weiter auf einem Bäumchen hockte ein Weibchen und schaute ihm zu. Dann hob der Tölpel ganz langsam einen blauen Fuß hoch, setzte ihn wieder ab, hob den andern blauen Fuß, drehte sich dabei ganz langsam im Kreis, spreizte immer wieder die Flügel, legte den Kopf in den Nacken und pfiff so sonderbar.

Mit einem Mal flog das Weibchen weg, der Tölpel zögerte einen Augenblick, dann tanzte und pfiff er weiter, und nach einer halben Minute kam das Weibchen angeflogen, legte einen Stein, den es im Schnabel hatte, neben das Männchen auf den Brutplatz, stellte sich neben das Männchen, hob einen blauen Fuß, spreizte die Flügel, legte den Kopf in den Nacken, dass der Schnabel nach oben stand, gab einen sonderbar schnarrenden Ton von sich, setzte den Fuß ab, hob den andern auf und drehte sich langsam im Kreis.

Manchmal kreuzten sie ihre Schnäbel und rieben sie aneinander, und so tanzten sie beide langsam auf ihren vier blauen Füßen pfeifend und schnarrend den allerwunderbarsten Hochzeitstanz.

Auf der andern Seite der Insel brüten die großen schwarzen Fregattvögel. Da sie auf dem Boden nicht landen können, bauen sie sich auf die obersten Zweige der kleinen blattlosen Bäumchen ein sehr luftiges Nest. Was sie zum Nestbau brauchen, haben sie natürlich wieder von andern Vögeln gestohlen. Da hocken sie dann still und schwarz auf den silbergrauen Bäumchen, und andere, die gerade nicht brüten, kreisen mit Schatten unter sich leicht und groß über die Kolonie.

Dann sind wir weitergefahren und haben einen großen Felsen umrundet, der Daphne heißt und eigentlich die Spitze eines alten Vulkans ist, der tief im Meer steht oder ins Meer wieder versunken ist. Im Krater, in dem man vom Wasser aus natürlich nicht hineinsehen kann, brüten hunderte und hunderte von Tölpeln. Es brüten und tanzen überhaupt so ungeheuer viele blaufüßige Tölpel in dieser Gegend, dass einem ganz schwindlig werden kann.

Am Felsen unten am Wasser spielen Seelöwen, manche liegen auf kleinen Felsvorsprüngen und dösen und auf andern Felsvorsprüngen sitzen unten am Wasser mit ihren großen Schnäbeln die Pelikane.

Als wir die Insel umrundet hatten und weiterfuhren, kamen die Delfine angesaust. Sie sind zwei, drei Meter lang, braun, sie kamen ans Schiff heran, sechs oder sieben Stück, schwammen vor das Schiff, genauso schnell wie das Schiff, und dann schossen sie immer wieder von unten aus dem Wasser heraus, glitten braun glänzend und Tropfen sprühend in einem Bogen knapp über das Wasser, tauchten wieder ein und schwammen weiter. Nach einem Weilchen schwammen sie alle neben das Schiff, blieben ein bisschen zurück, und dort, weil sie nun nicht mehr so schnell schwimmen mussten, kamen sie immer wieder ganz steil aus dem Wasser herausgeschossen, zwei, drei Meter hoch, glitzerten über dem Wasser dunkel in den sprühenden Tropfen und klatschten dann ins Wasser zurück.

Dann kamen wir mit dem Schiff wieder in den Kanal zwischen den Inseln Baltra und Santa Cruz. Da steht ein einzelner kleiner Felsen im Wasser und auf dem Felsen lag ein Seelöwe. Das sah merkwürdig aus, dass ausgerechnet auf diesem einzigen Felsen tatsächlich ein Seelöwe lag. Wenn man aber überlegt, dass in der Gegend natürlich eine Menge Seelöwen liegen, dann muss man sagen, dass es noch viel merkwürdiger gewesen wäre, wenn auf diesem einzigen Felsen kein Seelöwe gelegen hätte.

Am Kanalufer, an dem wir dann im kleinen Boot vorbeifuhren hin zur Anlegestelle, gibt's einen kleinen Wald von Wasserbäumen. Da saß auf einem unteren Ast ein Reiher mit langem spitzen Schnabel, ganz bewegungslos, auch als wir nahe heranfuhren. Er jagt nicht hinter den Fischen her, sondern sitzt da bewegungslos wie ein Stück vom Baum und wartet, bis dicht unter ihm ein Fisch vorbeischwimmt. Dann stürzt er sich kopfüber ins Wasser und fängt ihn, wenn er Glück hat.

Auf dem Schiff hatte es gutes Essen gegeben und zu trinken, was man wollte. Angela, Carol, Monica, Franzisco und ich waren guter Dinge, als wir die staubige lange Straße entlang wieder zurückfuhren nach Ayora und in unser Hotel. Da

stand dann, nach dem Duschen, das wir wirklich nötig hatten, wieder ein gutes Essen für uns da.

Wir haben noch über die Tiere gesprochen, und ich fand
das schön, so unter Menschen.

32. Brief

Der Hafen von Ayora

Einen halben Tag lang hab ich mich ans Fenster einer Bar in Ayora gesetzt, hab abwechselnd Kaffee und Bier getrunken und mir den kleinen Hafen angeguckt.

Der Hafen ist nur eine kleine schmale Bucht, auf der einen Seite stehen Häuser, die andre Seite ist eine Lavasteinwand, nicht höher als ein kleines Haus, obendrauf stehen Kakteen. Darüber ist nur Himmel, in dem die schwarzen Fregattvögel schweben.

Im Hafen lagen Fischerboote. Kleine Boote fuhren zwischen den Fischerbooten und der Anlegestelle am Hafen und kleinen Landestegen weiter draußen und größeren Segelbooten in der großen Bucht von Ayora hin und her. Ein Fischerboot kam herein und der Fischer verkaufte vom Boot aus seine Fische. Gleich waren vier große Pelikane da, setzten sich nebeneinander neben dem Boot aufs Wasser und streckten alle vier immer gleichzeitig die Köpfe hoch, wenn der Fischer irgendwelchen Abfall oder vielleicht einen Fischkopf ins Wasser werfen wollte.

Quer durch den Hafen schwamm seelenruhig ein Meerleguan. Wenn diese Leguane schwimmen, halten sie den Kopf über Wasser und rudern bloß mit ihrem langen Schwanz. Zum Fressen tauchen sie, manchmal eine ganze Stunde lang, und kratzen von Felsen unter dem Wasser Pflanzen ab. Diese Meerleguane sind gewissermaßen die Brüder jener Landleguane, vor die man sich hinhocken kann. Sie waren auch einmal Landtiere, fanden's dann aber eines Tages vor fünfhunderttausend Jahren im Wasser mindestens ebenso schön, lernten zwar nicht so recht schwimmen, dafür aber gut tauchen und Wasserpflanzen fressen.

Mein Leguan da im Hafen hatte offenbar genug gefressen, kletterte die Stufen der Anlegestelle hinauf und legte sich oben zufrieden in die Sonne.

Über den Hafen hängt ein Telefondraht. Das sieht man natürlich öfter, aber auf dem Telefondraht mitten über dem Hafen saß hier ein Pelikan und das sieht man nicht so oft. Andre Pelikane fischten. Sie fliegen dann langsam über dem Wasser, plötzlich drehen sie sich ganz verrückt und dann lassen sie sich halb auf dem Rücken mit dem langen Schnabel nach unten ins Wasser fallen.

Die Tölpel, wenn sie im Flug einen Fisch sehen, den sie fangen wollen, bremsen mit flatternden Flügeln schräg fliegend ab, bis sie fast still stehen in der Luft, dann stürzen sie sich kopfüber steil nach unten, klappen dicht über dem Wasser die Flügel zusammen und zischen ins Wasser hinein.

Innen am Fenster meiner Bar klebte ein riesengroßer, brauner Grashüpfer und starrte nach draußen. Einmal kam auf der andern Seite der Scheibe ein Vogel an und grabschte nach dem Grashüpfer. Als er mit dem Schnabel auf das Glas stieß, haute er flatternd schnell wieder ab, aber der Grashüpfer hatte einen solchen Schreck gekriegt, dass er rückwärts auf den Boden fiel.

Kinder, die von einem Schiffsausflug kamen, strömten in die Bar. Dann ging eine Musik los und alle fingen an zu tanzen. Andere Leute kamen, tranken etwas, schwatzten, wieder andere saßen draußen und warteten auf Boote.

Die Boote lagen da im Hafen oder fuhren herum, der Meerleguan döste in der Sonne, die Pelikane und Tölpel fischten oder saßen auf Booten oder sonstwo, die Fregattvögel kreisten oben, der Grashüpfer kletterte langsam wieder die Scheibe hoch, die Kinder tanzten, die Leute kamen und gingen, tranken, schwatzten oder saßen drinnen und draußen herum, und ich saß da, trank Bier und Kaffee und schaute mir das alles an.

Man muss natürlich sehr lange dasitzen, um das alles richtig zu sehen und um zu verstehen, dass das alles immer so weitergeht, Stunde um Stunde und Tag um Tag und Jahr um Jahr. Alles geht langsam, es passiert überhaupt nichts Aufregendes, die Sonne scheint, manchmal kommen ein paar Wolken. Manchmal fängt ein Vogel einen Fisch und manchmal klaut ein Fregattvogel einem Vogel wieder seinen Fisch. Manchmal kommt ein Schriftsteller aus dem furchtbar weit entfernten alten Deutschland hier an den Äquator und schaut sich das alles an.

33. Brief

Die Insel Santa Cruz:
Der blöde Forscher · Die Schildkröten
Langsames Denken · Der staubige Berg
Ein Amerikaner in der Bar

Die Insel Santa Cruz ist die mit dem sanft ansteigenden großen Berg, die Insel, auf der das Städtchen Ayora mit dem kleinen Hafen liegt. Angela, Carol, Monica, Franzisco, unser Guide Alfredo und ich haben an einem Tag die Insel ein bisschen erkundet.

Zuerst sind wir mit einem Boot zur Charles-Darwin-Station gefahren, wo die Wissenschaftler leben, die hier alles erforschen wollen. Ich hab den Oberbestimmer dieser Station besucht und ihm erzählt, dass ich ein Buch über Darwin schreiben will. Ich dachte, das würde ihn interessieren und er könnte mir vielleicht ein paar Ratschläge geben. Das war aber kein sehr guter Gedanke von mir. Denn dass ich ein Buch über den Mann schreiben will, nach dem die Station heißt, hat diesen blöden Kerl überhaupt nicht interessiert, und der einzige Ratschlag, den er mir gab, war der, ich sollte mir in seiner Bibliothek doch ein paar Bücher über die Inseln angucken. Außerdem könnte ich ja noch einmal vorbeikommen, meinte er dann. Das hab ich natürlich nicht getan, schließlich verschwende ich nicht zweimal meine Zeit mit einem Kerl, der so blöd ist, mir mitten auf den Galapagos-Inseln zu sagen, ich soll mir Bücher angucken.

Stattdessen haben wir uns dann die Schildkröten angeguckt, diese gewaltigen Biester, die sich da zwischen Bäumen, Sträuchern und Steinen ganz unheimlich langsam bewegen. Eine der größten ist um die hundertsechzig Jahre alt, so alt also, dass Darwin sie damals vielleicht schon gesehen hat.

Die Schildkröten haben natürlich auch ihre Bestimmer. Wenn eine Schildkröte eine gute Frucht zum Essen gefunden hat, kommt die Bestimmerschildkröte angewackelt und zischt die andre Schildkröte furchtbar an und versucht sie auch zu beißen. Die wehrt sich dann ein bisschen, aber schließlich gibt sie nach und geht weg oder verkriecht sich unter ihrem Panzer.

Was diese Biester sonst machen, weiß ich nicht; denn sie machen alles so langsam, dass man wahrscheinlich tagelang warten müsste, und dann würden sie womöglich immer noch nichts machen, sondern bloß überlegen, ob sie vielleicht irgendwann in einem Jahr oder so etwas machen wollen.

Das Überlegen geht bei ihnen sicher auch ganz langsam. Wenn ein Jahr vergangen ist, denken sie das ganze nächste Jahr darüber nach, dass nun ein Jahr vergangen ist, aber dann sind eben schon zwei Jahre vergangen, und auf diese Weise werden sie furchtbar alt.

Wir sind danach ein Stück mit dem Auto gefahren, dann sind wir langsam den sanften Berg hochgegangen. Wir sind durch dunkelgrüne Avocadohaine gekommen, unter Orangenbäumen hindurchgegangen (die Orangen schmecken scheußlich), dann hörten die großen Bäume auf, Wälder mit buschartigen Bäumen begannen, mit dichten Bäumen, die glänzende harte dicke Blätter haben. Es wimmelt von Vögeln, von Finken, von herrlich roten Fliegenschnäppern und allen möglichen andern. Alle sind zutraulich, sie kommen ganz dicht an die Menschen heran.

Der staubige Pfad schlängelte sich diesen Wald hindurch, dann weiter oben durch Gras zwischen alten kleinen Kratern, und immer wieder konnte man den ganzen sanften Berg hinabblicken auf die Ufer, auf Felsen, auf weiße Strände, auf Wellen mit Schaumkronen, auf andre Inselchen.

Natürlich war das alles ganz schön anstrengend in der heißen Sonne und dazu in dem Staub, den wir mit jedem Schritt aufwirbelten. Oben waren wir verschwitzt und völlig verstaubt, und als wir wieder unten waren, hatten wir von diesem Vulkanberg die Nase wirklich voll. Das war so ein Berg, von dem ich nachher genau wusste, dass ich da nicht noch einmal hinaufwill. Irgendwo, wo wir nicht waren, gibt's auf dem Berg noch einmal zehntausend Schildkröten, die müssen nun leider für immer auf meinen Besuch verzichten.

Abends, als ich beim Schreiben noch etwas trank oder beim Trinken noch etwas schrieb und in der Hotelbar allein war mit dem Mann, der langsam aufhörte, mir zu trinken zu geben, und zwar, weil er schlafen wollte, obwohl es weiß Gott noch nicht spät war, kam ein Mann in die Bar, der hier schon dreißig Jahre lang wohnt, ein Amerikaner.

Der fing mit lauter Stimme zu reden an, mit einer rauen und dröhnenden Stimme, als hätte er sein Leben lang immerzu Whisky getrunken. Zuerst bestellte er sich Whisky, dann hat er erzählt. Er mochte Amerika nicht mehr, ist wie ein Abenteurer hergekommen, hat sich Land gekauft, das damals spottbillig war, hat Häuser gebaut, und als dann aus Amerika, besonders aber aus dem alten Europa mehr und mehr Leute kamen, die auch gern Abenteurer sein wollten, hat er Häuser verkauft oder vermietet, wohl auch Land, und dabei hat er ganz schön verdient, weil Land natürlich teurer wird, wenn mehr Leute da sind, besonders auf Inseln, wo's ja nicht so viel Land gibt.

Jetzt hat er eine kleine Rinderfarm, viel Zeit und lässt die Schildkröten gute Tiere sein. Abends kommt er her und trinkt Whisky, und als der Mann an der Bar uns wirklich nichts mehr gab, verabschiedete er sich mit dröhnender Stimme und sagte, das sei kein Problem, in seinem Haus habe er noch genug zu trinken.

34. Brief

Die Insel Floreana:
Nachtfahrt · Flamingos, Stachelrochen und Mantas
Der Vulkan im Wasser · Am Ende der Welt
Der Briefkasten der Wahnsinnigen · Nachtfahrt

In der Bar am Hafen hatte ich Hélène kennen gelernt, und als wir ein Weilchen geredet hatten, stellte sich heraus, dass wir zwei Tage mit noch vier andern Leuten zusammen auf einem schönen kleinen Schiff verbringen könnten, um zwei Inseln ganz im Süden des Archipels zu besuchen.

Die Reise dorthin ist weit, das Schiff fährt zehn Stunden, aber es fuhr nachts, während wir schliefen. Als wir frühstückten, ankerte das Schiff schon und vor uns lag die Insel Floreana.

Ein Boot brachte uns hinüber. Die Insel besteht aus einer Lava, die wie Sand abbröckelt, sodass die Seevögel dort nicht nisten können. Es ist still und völlig einsam am Ufer. Über Sand und zwischen Kakteen und kahlen Bäumen hindurch sind wir an eine Stelle gekommen, wo herabfließende Lava einmal ein Stückchen Meer abgeriegelt hat, sodass ein großer See entstanden ist, ein ganz ganz flacher grüner See.

Auf diesem See standen rosafarbene Flamingos. Sie standen auf einem Bein oder auf beiden, stelzten über den See, steckten die Schnäbel ins Wasser, um Nahrung zu suchen. Sie können sich nicht hinsetzen, denn sie haben keine Muskeln in den Stelzbeinen und könnten nicht wieder aufstehen. Sie schlafen auf einem Bein, und ihre Eier legen sie auf kegelförmige Bergchen, die sie sich bauen, damit sie im Stehen brüten können.

Sie standen und stelzten da im grünen See herum, nur ein paar Enten bevölkerten noch die Gegend. Die versteinerte

Lava war wüst über das Gelände verteilt, wüst und schwarz. Der Himmel war grau und schwarz bewölkt, das hätte gut einer der allerersten Tage der Welt sein können, so leer war alles und irgendwie entsetzlich melancholisch.

Hinter der Lava, am Meer, ist ein Strand mit blendend weißem Sand. Gespensterkrabben haben da ihre Löcher und die Wellen kommen dunkel voll Schlamm ans Ufer. In ihnen schwimmen, bis an den Strand heran, große flache runde schwarze Stachelrochen. Kein Vogel fliegt da. Man steht wie verloren herum.

Als wir zurückgingen, standen und stelzten diese rosaroten Flamingos immer noch im See unter dem Wolkenhimmel an dieser trostlosesten Stelle der Welt.

An eine kleine Bucht sind wir gekommen, in der drei große flache dreieckige schwarze Mantas ganz langsam hin und her schwammen, das haben sie und ihre Eltern und deren Eltern und so weiter sicher schon eine Million Jahre hier getan.

An einer andern Stelle ragt die Spitze eines alten Vulkans aus dem Wasser, schwarz, abgebröckelt, zerklüftet. In den alten Krater kann man mit dem Boot hineinfahren, rings ist man dann von diesen schwarzen Mauern des Kraterrands umgeben. Ein paar Kaktusbäume stehen auf den Mauern, ein paar Seevögel kreisen darüber, ein Pelikan hockte auf einem Baum. Ein kleiner Hai durchquerte den Krater. Um den Krater herum ist das Wasser sehr tief und so blau, dass man erschrickt.

Auf der andern Seite der Insel haben sich um 1935 herum Leute angesiedelt und sie wohnen immer noch dort. Da stehen nun ein paar Häuser und ein paar Bäume und sonst nichts. Es gibt da nicht das Geringste, das irgendwie schön wäre oder auch nur so, dass man gern noch einmal hinschauen möchte.

Manches kann man trostlos finden, man kann melancholisch werden oder erschrecken. An dieser Stelle hier ist gar nichts mehr. Ich habe nicht gewusst, dass es so etwas gibt. Es ist ja eigentlich eine schöne Idee, dass es nichts geben kann, was nicht irgendwie einen kleinen Reiz hätte. Aber vielleicht werden die Reize kleiner und immer kleiner, und dann gibt's eine Stelle, an der der Reiz so klein geworden ist, dass man ihn nicht mehr wahrnehmen kann. Wenn das stimmt, dann weiß ich jetzt, wo diese Stelle ist: auf dieser Insel Floreana, dort, wo diese Leute sich angesiedelt haben. Ich glaube nicht, dass sie selber wissen, warum sie dort geblieben sind.

Wir jedenfalls sind nicht dort geblieben, sondern ein Stück weiter an eine Stelle gefahren, wo diese selben Leute mitten auf einem Strand so etwas wie einen Briefkasten aufgestellt haben. Wenn man da einen Brief an irgendjemanden hineinlegt, soll man immer einen andern, der schon drinliegt, herausholen und an die Adresse schicken, die draufsteht. Natürlich kann es so Jahre dauern, bis der eigne Brief dann dorthin kommt, wohin man ihn haben wollte. Denn es liegen immer haufenweise Briefe drin, und wer weiß, wann einer zufällig den eignen nimmt.

Das ist ein völlig blödes Quatschspiel, man muss bestimmt lange Zeit hier am Ende der Welt wohnen, um auf so eine komische Idee zu verfallen. Aber wer sich hier ansiedelt, muss eben einen sehr komischen Kopf haben, und dann kriegt er halt die komischsten Ideen.

Diese Stelle hab ich gern wieder verlassen. Das Schiff schaukelte verlockend im Wasser wie etwas Vernünftiges und ich bin rasch eingestiegen. Dann kam die schöne Nacht, in der man nichts mehr von der Insel sah, und das Schiff ist ins Meer hinausgefahren.

35. Brief

Die Insel Hood:
Die Albatrosse · Das Wasserblasloch
Am Strand

Am nächsten Morgen bin ich aufgewacht, weil das Schiff so sehr schaukelte, dass ich im Bett hin und her gerollt wäre, wenn ich gekonnt hätte: Aber das Bett war viel zu schmal zum Rollen. Das Schiff lag nach der nächtlichen Fahrt wieder vor Anker, und zwar bei der Insel Hood. Dahin fuhren wir dann mit dem kleinen Boot, die Sonne schien, und am Ufer begrüßten uns gleich die Seelöwen, an die man sich hier wie an liebe Freunde gewöhnt. Von der flachsten und engsten Stelle der Insel wanderten wir langsam bergauf, durch große Kolonien der blaufüßigen Tölpel hindurch, und auf der Höhe der Insel kamen wir dann zum riesengroßen Brutplatz der Albatrosse.

Das sind große Vögel mit braunem Gefieder, mit einem gelbweißen Hals, mit einem weißen Kopf, einem schönen Gesicht, einem langen starken gelben Schnabel und klugen dunklen Augen. Sie sind sehr schwer, ungefähr zwölf Pfund, und deshalb haben sie ein kleines Problem: Sie können nicht vom Boden abheben und wegfliegen. Sie haben sich aber eine wunderbare Lösung für ihr Problem ausgedacht.

Wo die Insel am höchsten ist, gleich hinter dem Brutplatz der Albatrosse, fällt sie steil ins Meer hinab, dreißig oder vierzig Meter tief. In einer weiten Bucht schlagen da die gewaltigen Wellen des Ozeans an die schwarzen Klippen und tosen und schäumen. Tölpel, schwarze Lavamöwen, weiße Tropicvögel mit den roten Schnäbeln fliegen über dem Wasser vor den Klippen und das blaue Meer reicht bis in unabsehbare Ferne.

Ich stand da oben und staunte, und dann kamen ganz dicht bei mir die großen Albatrosse von ihren Brutplätzen her angewatschelt, oft zu zweien und dreien, blieben immer wieder stehen, grummelten in tiefen Tönen miteinander. Manchmal breiteten sie ihre wirklich gewaltigen Schwingen aus, als ob sie sie ausprobieren wollten.

Und dann kommen sie an den Rand der Klippe, und da stehen sie, schauen mit ihren scharfen und klugen dunklen Augen umher, schauen über das Meer und scheinen nachzudenken und alles noch einmal zu überlegen. Dann breiten sie die Schwingen aus, gehen einen Schritt vor, dann noch einen, über den Rand der Klippe hinaus ins Leere hinein, die Luft trägt sie, der Wind trägt sie, und mit ungeheuer kraftvollen Flügelschlägen fliegen sie aufs Meer hinaus. Wenn sie auf dem Meer sind und einen Fisch gefangen haben, lassen sie sich von einer großen Welle hochtragen und fliegen, wenn die Welle unter ihnen weggleitet, wie von der Klippe weg.

Sie bleiben oft fünf oder sechs Tage weg. Dann haben sie genug Fische verdaut und kommen mit einem großen Vorrat an Öl wieder, damit füttern sie dann den andern Albatros, der auf dem Ei hockt, und später auch das Junge.

Wenn der junge Albatros groß genug ist, um selber zurechtzukommen, geht der große Albatros wieder an den Klippenrand, und dann fliegt er weit weg, über die Ozeane, zwei Jahre lang, bis er merkt, dass wieder die Zeit zum Brüten da ist. Dann kommt er aus der riesenweiten Welt zurück, auf diese Insel, auf den Platz, auf dem er schon einmal gebrütet hat, sucht sich den andern wieder, den er am alten Hochzeitstanz erkennt, und dann ziehen die beiden wieder einen jungen Albatros groß. Das sind mutige und starke und kluge Vögel, auch wenn sie auf dem Land bloß watscheln können. Aber schon wenn sie die Schwingen ausbreiten, merkt man, dass sie anderswo zu Hause sind, und wenn sie auf den Klippen stehen und losfliegen, sieht man, dass sie die Könige in der Luft über den Meeren sind.

An einer Stelle kann man hinuntersteigen, da liegen große Lavaplatten ein Stück ins Meer hinein. Da kommen die gewaltigen Wogen schäumend an, und unter den Platten hat sich eine große Höhle gebildet, in der das Wasser einer Woge verschwindet. Es will wieder zurück, da kommt aber die nächste Woge, drückt das Wasser der ersten wieder in die Höhle, drängt selber auch hinein.

Nun ist oben in der Höhle zwischen zwei Lavaplatten ein Spalt, und durch den schießt das eingeschlossene Wasser jetzt mit Donnergetöse zwanzig, dreißig Meter in die Höhe und versprüht weiß in der Sonne vor den schwarzen Klippen.

So wild und gewaltig ist das Reich der Albatrosse. Auf der andern Seite der Insel ahnt man nichts davon. Da ist ein ganz langer und breiter weißer Strand, auf dem hab ich lange an diesem Nachmittag gesessen und noch einmal die ohne Flügelschläge schwebenden und kreisenden Fregattvögel bewundert, die ganz anders sind als die Albatrosse und auch herrlich auf ihre Weise.

Dann sind wir mit unserm Schiff noch einmal in der Nacht durch das dunkle Wasser unter den Sternen und unter dem Mond gefahren, zur Insel Baltra, sind dann wieder in das Flugzeug mit den vier Propellern gestiegen, sind über das Meer ins heiße Guayaquil geflogen, dann hinauf nach Quito. Da hab ich mit meiner Freundin Hélène noch lange geschwatzt, über die Inseln und über alles, dann haben wir uns verabschiedet; denn sie fährt in ein andres Land und morgen will ich wieder weiterfliegen.

DIE KANARISCHEN INSELN

36. Brief

Von Quito über Bogotá und Caracas nach Las Palmas
Der schlimme Flugplatz · Ohne Koffer · Die Welttorte
Die hässlichen Hotels · Die schöne alte Stadt
Die dummen Touristen

Aus dem hoch gelegenen Quito zwischen den noch höheren Bergen ringsum bin ich morgens eine Stunde lang über Ecuador und Kolumbien nach Bogotá geflogen, dann noch einmal anderthalb Stunden nach Caracas, das ist die Hauptstadt Venezuelas. Dort ist der abscheulichste Flughafen der Welt.

Er liegt am Meer, aber zugleich in der Wüste. Es war sehr heiß. Das wäre natürlich überhaupt nicht schlimm gewesen. Aber wenn man nicht ins Land hinein will, sondern weiterfliegen, muss man in einer großen Halle warten, in der es besonders heiß ist und in der es bloß einen kleinen Imbissstand gibt, an dem man aber fast alles, was man haben möchte, nicht kriegt, zum Beispiel hatten sie nicht mal Streichhölzer. Außerdem waren die Leute sehr unfreundlich und faul; wahrscheinlich war es auch ihnen viel zu warm.

Natürlich gibt's irgendwo im Flughafengebäude auch Restaurants und solche angenehmen Sachen, aber da lassen sie einen, der weiterfliegen will, einfach nicht hin. Ich hab's versucht und hab geschimpft, aber es hat nichts geholfen, und so musste ich fünf Stunden in der scheußlichen Halle warten. Die einzige Unterhaltung waren da die Flugzeuge, die draußen in der Wüste ab und zu landeten und starteten. Das waren keine sehr lustigen Stunden. Ich hab den Flughafenbestimmern und den Bestimmern des ganzen Landes alles mögliche Böse gewünscht. Das nützt zwar nichts, aber es ist doch angenehm.

Um halb sechs landete dann das Riesenflugzeug, das mich weiterbringen sollte, um sieben flog es ab und es flog fast sieben Stunden lang über das Meer. Da man wieder fünf Stunden dazurechnen musste, weil wir ziemlich weit nach Osten geflogen waren, war es sieben Uhr morgens, als wir auf der noch dunklen Insel Gran Canaria landeten, auf dem Flugplatz der Stadt Las Palmas.

Da standen dann alle Leute und wollten ihre Koffer haben. Die Koffer kamen auf einem langen Band angerollt. Die Leute nahmen sich ihre Koffer und verschwanden. Es wurden immer weniger Leute, es wurden immer weniger Koffer, schließlich waren alle Leute weg, alle Koffer auch, das Band hielt an – und ich stand ohne Koffer da. Also musste ich jemanden finden, dem ich sagen konnte, dass ich bitte meinen Koffer wiederhaben wollte. Mittlerweile war aber das Flugzeug weggeflogen, mit dem ich weiterwollte.

Da musste ich wieder warten. Die Leute waren hier aber alle nett. Es wurde hell, dann ging es weiter. Alles war bewölkt, das Flugzeug stieg hoch, durch die Wolken hindurch, und dann donnerte es ganz dicht über die Wolkendecke hinweg, die glatt war wie Sahne auf der Welttorte, und in der Torte irgendwo waren die kanarischen Inselrosinen versteckt. Nach zwanzig Minuten hatte der schlaue Pilot die richtige gefunden und landete das Flugzeug auf der Insel Teneriffa.

Dort bin ich ins schönste Hotel gefahren, wo sie mich ziemlich neugierig angeguckt haben, weil ich keinen Koffer hatte. Ich hab gesagt, der Koffer wird schon kommen, und bin dann müde, unrasiert und schmuddelig in die Stadt Puerto de la Cruz hinuntergegangen, um mir ein paar Sachen zu kaufen.

Puerto de la Cruz liegt herrlich am Meer, ist aber überhaupt nicht schön. Vielleicht ist es einmal ganz hübsch gewesen, das kann gut sein; man ahnt es manchmal noch. Aber nun steht es voller Hochhäuser, die alle gleich aussehen und alle gleich hässlich, mit Fenster an Fenster und Balkon an Balkon, und da wohnen unzählige Touristen. Die alten Häuser sind in schönen Farben gestrichen, es waren auch nicht so viele und sie waren nicht so groß. Die neuen großen sind alle hässlich: grauweiß, aus Beton, eintönig, und es macht alles keinen Spaß zwischen ihnen.

Später bin ich dann, gar nicht weit weg, in eine Stadt gefahren, die La Orotava heißt. Das ist die alte Hauptstadt der Insel. Man muss immer in die alten Hauptstädte fahren; denn die sind von den Leuten gebaut worden, die an dieser Stelle gern leben wollten, während die neuen großen Städte dort sind, wo es viele Fabriken gibt, oder wo eben, wie in Puerto de la Cruz, die Touristen sein wollen, die ja nichts in ihren Köpfen haben als die Idee, am Strand in der Sonne möglichst braun zu werden.

La Orotava liegt an einer der schönsten Stellen der Welt. Da hätte ich mir auch ein Haus gebaut. Da steigt vom Meer aus, in einem halben Oval, das Land ganz sacht ganz breit hoch hinauf, bis über tausend Meter, sodass eine gewaltige, herrlich geschwungene Fläche entstanden ist, auf der viele Städte und Dörfer Platz hätten.

Auf dieser Fläche, in der Mitte auf halber Höhe, liegt La Orotava, mit dem Berg im Rücken, und schaut überall auf das große weite zum Meer abfallende Land und unten hinab auf das Meer. Die alten Häuser sind gelb oder rötlich oder braun. Es sind große Häuser dabei, in denen reiche Leute gewohnt haben müssen. Dort, bergauf und bergab und am Hang entlang, kann man wunderbar spazieren gehen und richtig leben und Wein trinken und sich wohl fühlen. Ich hab das einen ganzen schönen Tag lang getan.

Puerto de la Cruz ist der alte Hafen dieses weiten Landes. Von La Orotava aus ist die neue Hotelstadt immer noch hässlich genug, aber wenigstens ist man nicht dort. Als ich dort sein musste an diesem müden Morgen, bin ich in ein Geschäft gegangen und hab mir gekauft, was man so braucht, wenn der Koffer weg ist: Unterhosen, Hemden, Taschentücher, Socken.

Dann bin ich in mein Hotel gefahren, das etwas auf der Höhe liegt und auch nicht so hässlich ist wie die andern, hab mich wieder in einen ordentlichen Menschen verwandelt und ausgeruht.

Die Touristen sind natürlich noch ordentlichere Menschen, weil sie ganze Koffer voll Sachen zum Anziehen mit sich herumschleppen. Da sitzen sie abends dann alle richtig fein angezogen da und finden sich schön. Einen, der nicht so schick ist, wollen sie am liebsten gar nicht sehen, und da sie es zum Beispiel nicht schick finden, wenn man abends ohne Schlips geht, lassen sie Männer abends nur mit Schlips in den Speisesaal.

Nun kann ich mir aber ja den Touristen zuliebe schließlich keinen Schlips umbinden, und so sitzen sie da mit ihren schönen Schlipsen herum und müssen eben darauf verzichten, dass ein vernünftiger Schriftsteller mit ihnen beim Essen sitzt.

37. Brief

Unter Bäumen und Wolken:
Der botanische Garten · Die Sprache der Bäume
Bananen · Wald und Nebel · Icod in den Weinbergen
Regen und Reisende · Der Drachenbaum
Am Ende der Insel

Gleich neben meinem Hotel ist ein schöner botanischer Garten. In den bin ich gegangen, wie in anderen Orten auch oft. Dies ist ein kleiner Garten, ohne viel Rasen und Teiche, meist ist auch von jeder Sorte Baum oder Busch nur einer da, aber auf diese Weise ist sehr viel im Garten, obwohl er so klein ist, und das Allerverschiedenartigste ist ganz dicht beisammen.

Da sind Bäume, die steil und glatt sehr hoch nach oben wachsen, ohne Äste, bloß oben mit großen Blättern. Andere wachsen auch glatt hoch, haben aber Äste und Zweige, wieder andere teilen sich nach ein paar Metern in sechs oder acht Bäume mit Ästen und Zweigen. Einer schickt von großen Ästen Wurzeln hinab, die erst in der Luft hängen, dann unten anwachsen und schließlich wie der erste Baum aussehen. Manche werden sehr groß, manche bleiben klein, manche haben breite Kronen, manche kleine spitze Kronen, manche haben Nadeln, die nach unten hängen, andre Nadeln stehen nach oben. Blätter können rau oder glatt, dünn oder dick, oval, rund, gezackt, ganz klein oder riesengroß sein, mit Haaren, mit Spitzen, mit vielen Rippen, mit fast keinen Rippen. Manchmal stehen die Blätter allein, manchmal in Büscheln, manchmal aufgereiht. Manche Bäume sind ganz glatt, andre rundum voll dicker Borke, andre sehen aus, als hätte man rundum von unten nach oben immerzu Äste abgesägt, andere haben Rinde wie dickes braunes Papier, das herabhängt und herunterfällt, bei manchen Bäumen ist die Rinde rot oder grau oder fast schwarz.

Als ich lange in dem Garten herumgegangen war und auf Bänken gesessen hatte, wünschte ich, die Bäume und Sträucher könnten reden, sodass man sich mit ihnen ein bisschen darüber unterhalten könnte, warum sie alle so verschieden sind und jeder so ist, wie er nun ist. Wahrscheinlich wären das lange Unterhaltungen; denn jeder Baum und Strauch hätte sicher eine sehr lange Geschichte zu erzählen über seine Verwandten, über die Gegenden, aus denen er stammt, über Sonne, Wind, Regen, über Steine, über harte und weiche Erde, über Moor und Sand.

Manchmal kann man die Sprache der Bäume verstehen, etwa, wenn ganz harte Blätter verraten, dass die Bäume sich vor der Sonne schützen müssen, oder dass eben unter einer heißen Sonne nur Bäume wachsen können, die harte Blätter haben oder sonst einen andern Schutz. Wenn man diese Sprache studieren würde, könnte man viel herausbringen, und alle Bäume und Pflanzen würden einem ihre ganzen langen Geschichten erzählen.

Hinter dem botanischen Garten fangen Bananenplantagen an, die man auf der ganzen Insel findet. Sie sind meistens mit Steinmauern umzogen. An den Steinmauern gehen gemauerte offene oder geschlossene Kanäle entlang, in denen man, wenn man näher kommt, das Wasser gurgeln und glucksen hört. Da stehen die Bananenbäume in Reih und Glied, ganze Wälder. Sie sind so groß wie etwa anderthalb Menschen, haben einen Stamm und oben eine Menge großer, etwas herabhängender Blätter, die an den Rändern oft braun und bröckelig sind. Aus dem Stamm kommt zwischen den Blättern, an einer Seite dann herabhängend, ein dicker grüner Stängel heraus, an dem rundherum dicht an dicht nach oben hundert oder hundertfünfzig grüne Bananen wachsen. Ich glaube, dass die Bananen nicht eigentlich Bäume sind, sondern eher große Stauden; aber sie sind doch so groß, dass sie wahrscheinlich beleidigt wären, wenn man sie Staude nennen würde.

Mit dem Auto bin ich dann in ein Gebirge gefahren, das ganz und gar mit Kiefern bewachsen ist, unter denen man wunderbar spazieren gehen kann. Dann ging es unter Kastanien und Feigenbäumen weiter, in dichte Laubwälder hinein, in feuchte Wälder, zwischen denen die Straße eng und gewunden hindurchführt, einen Berg hinauf. Es ging höher und höher. Es fegte wie Nebel durch den Wald und über die Straße, das waren die Wolken, es wurde dunkel, dann standen wir auf einem berühmten Punkt, von dem aus man herrlich weit sehen kann, außer, wenn man mitten in den Wolken steht. Nun waren die Abgründe, an denen wir standen, voll nebliger Wolken, in denen man sich leicht die unheimlichsten Dinge vorstellen konnte.

Da sind wir dann umgekehrt, wieder hinuntergefahren zu den Bananen und an einer andern Stelle der Insel wieder schräg einen gewaltigen Hang hinauf, auf Brücken über tiefe Schluchten, die zum Meer hinabgehen. Hoch über dem Meer ging es dann fast auf der Höhe entlang, dicht unter den Wolken. Die Bäume hier waren klein und krumm, zerzaust und schief und erzählten Geschichten von Stürmen und starken Winden vom Meer.

Dann ging es um einen mächtigen Felsabhang herum. Da standen wieder große Bäume mit vollen Kronen, Wein wuchs zwischen den Felsen, Mais, und dann wieder in ummauerten Wäldern die Bananen. Über Icod in der Höhe sind wir dann hinuntergefahren zu Icod in den Weinbergen. Da ist am Rand des Städtchens ein etwas erhöhter Platz mit einer Kirche darauf und den herrlichsten Bäumen um die Kirche herum, mit Bäumen, die oben über einem Weg an der Kirche von beiden Seiten zusammengewachsen sind und für den, der unten geht, das schönste Dach bilden, gegen die Sonne oder gegen den Regen. Als ich dort war, regnete es ein bisschen.

Es waren kaum Leute da, denn wenn es auch nur ein bisschen regnet, gehen die Touristen ins erste beste Café, essen Berge von Torte und Sahne, schimpfen die ganze Zeit über das Wetter und auf ein Land mit solchem Wetter und werden dabei immer fetter und blöder.

Die richtigen Reisenden sind die Leute, die neugierig auf die Welt sind und gern sehen, wie sich eine Landschaft oder eine Stadt im Regen verändern und wie es sich dann dort lebt. Die Reisenden schimpfen nicht aufs Wetter, denn sie wollen die Länder erleben, wie sie wirklich sind, und zum Wirklichsein gehört eben auch der Regen, der ja kein schlechtes Wetter, sondern nur ein andres Wetter ist, ein Wetter, das seine eignen wunderbaren Abenteuer hat.

Unterhalb des schönen Platzes am Rand des Städtchens Icod in den Weinbergen steht der Drachenbaum. Der Drachenbaum soll schon dreitausend Jahre alt sein, unter ihm hätten sich Maria und Joseph mit dem Jesuskind schon ausruhen können, wenn sie zufällig hier vorbeigekommen wären, und das ist ja nun wirklich sehr, sehr lange her wie all diese Geschichten von den Göttern und ihren Kindern.

Der Drachenbaum ist unten so mächtig dick, dass sich leicht vierzig oder fünfzig Kinder nebeneinander an ihn lehnen könnten, und er hat eine graue knorrige eisenharte Rinde. Ein paar Meter über dem Boden teilt er sich in mehrere Stämme, da sind Auswüchse in der Rinde wie die Gesichter urältester Männer, die aus der Vergangenheit herüberstarren in unsere Zeit. Von den Stämmen gehen graue Äste ab, zur Seite, nach oben, wachsen umeinander herum, verflechten sich miteinander, haben wieder Äste, die dasselbe tun, und so entsteht ein unendlich verschlungenes Flechtwerk grauer Äste, die oben einen großen runden gewölbten Schirm bilden, und an der Oberseite des Schirms hat jeder Ast ein großes Blätterbüschel und alle diese Büschel stehen gegen den Himmel wie große dunkelgrüne Stachelsterne.

Das ist ein schöner und bewundernswerter alter Baum, und weil es regnete, hab ich mich unter seinen Schirm gestellt, sodass ich ihn nicht bloß anstaunen konnte, sondern er mich auch richtig gehütet hat.

Dann sind wir wieder durch die Wolken gefahren in eine wilde Landschaft, wo im Wolkenwasserstaub riesige schwarze Lavabrocken sich türmten mit grünen und rötlich braunen Flechten an manchen Stellen, wo steile Hänge voll pechschwarzem Sand hunderte Meter abfallen, wo nur Kakteenbäume sich in den Himmel strecken und Menschen merken, dass sie da nicht zu Hause sind. Aber es ist doch gut, Gegenden zu sehen, wo Menschen nicht zu Hause sind; denn auch diese Gegenden gehören zur Welt. Man stärkt seine Augen an ihnen und macht das Herz mutiger und die Seele kräftiger, sodass man angstlos in der Welt leben kann.

Dann ging es steil und schlängelig hinab an den schwarzen Strand des Meeres. Da war es wieder warm, Wein wuchs an der Straße, Kakteen blüten gelb, ein Dorf mit kleinen bunten Häusern lag am Meer mit einem Friedhof am Ufer.

Weit hinten am Ende einer großen Ebene stand eine Felsspitze weit ins Meer. Der Felsen ging bis hoch hinauf schräg in die Wolken hinein. Es sah aus, als wäre die Insel da zu Ende, aber hundert Meter über dem Meer war wie ein Tor ein Loch im Felsen, und ich wusste, dass dort ein Sträßchen hindurchführt zu einer Ebene am wirklichen Ende der Insel und dass dort ein Leuchtturm steht.

Also hab ich zu meinem Fahrer gesagt, er soll mich dort hinfahren, aber er wollte nicht und redete davon, dass die Straße zu schlecht sei. Ich hab ihm gedroht, ich würde mir auf der Stelle im Dorf ein andres Auto besorgen, er könne ja warten. Da ist er dann widerwillig losgefahren. Das Sträßchen war ein Schotterweg, aber ein sehr guter; man konnte rasch fahren. So fuhren wir leicht bergan, in einer großen Kurve vom Meer weg auf das Tor im Felsen zu und durch das Tor hindurch.

Gleich hinter dem Tor fiel eine schmale Schlucht zum Meer hinab, das hundert Meter tiefer schäumend an schwarze Felsen schlug. Der Wind, der in der Ebene sanft war, sich an der Felswand aber staute, sauste mit solcher Gewalt durch das für ihn allzu enge Tor, dass man sich nur mit Mühe auf den Beinen halten konnte. Das Sträßchen ging fünfzig Meter schräg nach links auf Felswände zu, die senkrecht schwarz und braun in den Himmel zu steigen schienen, zerklüftet und wild, und zwischen den Felsen irgendwo verschwand das Sträßchen.

Ich wollte weiter, aber an dieser Stelle wurde mein Fahrer bockig wie ein Esel. Er weigerte sich einfach und war durch nichts zu bewegen. Er redete wieder von der schlechten Straße, aber die Straße war genau wie vorher. Ich glaube, er hatte Angst, weil alles wirklich sehr unheimlich war. Da ist nichts mehr, sagte er, und wollte nichts vom Leuchtturm wissen, der doch da war.

Da musste ich also umkehren, ohne den Leuchtturm an der Inselspitze gesehen zu haben. So bleibt auf dieser Insel nun ein Geheimnis für mich, das mich verlocken wird wiederzukommen.

38. Brief

Über den Wolken:
Durch die Wolken · Die verbrannte Welt
Riesenacker und Schutthalde · Aus anderen Zeiten
Auf dem Vulkan · Die runde Erde mit Inseln

Als die Wolken sich nicht rühren wollten und Tag um Tag über der Insel lagen und mir den alten Vulkan verhüllten, wurde es mir zu bunt. Ich hab mir einen Wagen genommen und bin einfach durch die Wolken hindurchgefahren. Denn die Wolken sahen so aus, als könnten sie gar nicht so furchtbar dick sein, höchstens zweihundert Meter vielleicht, und der alte Vulkan ist ja sehr groß, sodass ich mir dachte, er müsste zum größten Teil über den Wolken stehen.

Und so war es dann auch. Als wir über dem weiten Land waren, in dem La Orotave liegt, begannen die Wolken. Wir fuhren zehn Minuten in ihnen weiter bergauf, dann wurde es hell und heller, nur noch Nebelfetzen flogen durch die Luft und nach vielen Tagen erschien mir wieder die Sonne am allerblauesten Himmel.

Dann sah man die Wolken von oben: Tausendfünfhundert Meter über dem Wassermeer brandete ein weißes Luftmeer an bewaldete Berge, sodass ein Vogel, der immer hier oben wäre, denken könnte, dies sei das Wasser und tiefer könne man gar nicht fliegen.

Dann wurden die Bäume kleiner. Nur noch Büsche standen an den Hängen. Die Büsche hörten auch auf und die Welt bestand nur noch aus Lava, Schutt und Sand. Das ist eine durch und durch verbrannte Welt, die der alte Vulkan da ausgeschüttet hat, alles sieht aus wie aus einem Riesenofen gekommen, wie Schlacke, Asche und im Feuer glasierter Stein. Aber das ist auch eine sehr farbige Welt: rostrot, braun, schwarz, gelb, ocker und mit allen möglichen Schattierungen dazwischen.

Und dann kam der alte Vulkan in Sicht, der sich über dieser Wüste noch einmal tausendfünfhundert Meter erhebt. Breite schwarze und braune Lavabahnen ziehen sich von oben an ihm herab, unten sieht man sie dann aus der Nähe: Zehn und zwanzig Meter hohe lange Felder, als hätten Riesen einen Steinacker gepflügt, nur eben umsonst, denn die gewaltigen Steinkrumen liegen braun und schwarz in der Sonne und es wächst nichts aus ihnen.

Neben den Lavabahnen am Berg sind Schluchten, die sich von oben herabziehen, mit Hängen von schwarzem Sand, dann wieder Geröllfelder, oft sind riesige Stücke einfach abgebrochen und hinabgeprasselt, und so sieht der ganze Vulkan aus wie eine gigantische keglige Schutthalde, von der man eigentlich gar nicht sagen könnte, dass sie besonders schön wäre. Aber man sieht natürlich, dass das kein Schutt von Menschen ist, sondern dass da einmal irgendetwas ganz Ungeheures passiert sein muss.

Die Lavabahnen und die Sandhänge und die Geröllfelder erzählen Geschichten von Glut und Feuer und Gewalt aus dem Inneren der Erde, so gewaltige Geschichten, dass da Worte wie »schön« oder »hässlich« gar nicht mehr passen, schön und hässlich sind Wörter, die die Menschen erst ziemlich spät erfunden haben, aber die Vulkane zeigen immer, dass die Welt sehr viel älter ist als die Menschen. Sie sind nicht schön und nicht hässlich, sondern sie sind aus andern Zeiten als unsre Augen, und es kümmert sie nicht, was wir von ihnen halten.

Vom Fuß des Vulkans geht eine steile Seilbahn hoch, die endet oben am Fuß des eigentlichen Kraters, der noch einmal zweihundert Meter hoch ist. Da geht es ziemlich steil hinauf, über rutschige Steine und staubigen Sand, dann steht man an den Steinwänden der Kraterspitze. Die sind sehr zerklüftet und an vielen Stellen zerbrochen. Man kann in den Krater hineingehen, in eine mit Steinbrocken übersäte Mulde, in der aus Löchern zwischen den Felsen heiße schweflige Dämpfe kommen, tief aus der Erde, als ob der Vulkan zeigen wollte, dass er noch lange nicht aufgehört hat, ein furchtbar wilder Geselle zu sein.

Mir aber, hab ich (natürlich nur im Stillen) zu ihm gesagt, mir machst du keine Angst, du alter Schwefelstinker, und bin auf den Rand des Kraters gestiegen und hab mir in Wind und Sonne die Welt angeguckt.

Da war unten, am Fuß des Vulkans, war da die rostrot-braun-schwarz-gelb-ockerfarbne wilde Wüste stumm in der Sonne, reglos, mit Felswänden ringsum. Dahinter waren an einer Seite der Insel die Wolken aufgerissen und man sah fast viertausend Meter unter sich braune und grüne Felder und Dörfer und das blaue Meer mit dem weißen Rand am Ufer. Man sah das Wolkenmeer über den andern Teilen der Insel und über dem Wassermeer, und dann sah man überall die andern Inseln, manche, die mit ihren Bergen über die Wolken ragten, manche, die fast ohne Wolken waren. Von unten sieht man diese Inseln nicht, nur von oben.

Denn weil die Erde rund und das Meer auch gewölbt ist, liegen diese andern Inseln, die weit weg sind, immer hinter der Wölbung. Aber wenn man auf dem hohen Berg steht, sieht man hinter die Wölbung ein bisschen hinab auf die andern Seiten der Kugel, und da tauchen dann im riesig weiten Meer die Inseln auf, in dem Meer, das bis weit in den Himmel zu reichen scheint, so hoch in den Himmel wie der Berg, auf dem man da steht, der alte Vulkan Teide.

Ewig kann man da oben natürlich nicht stehen, denn die Sonne brennt ganz gewaltig, und so bin ich dann wieder den Krater hinabgegangen, bin mit der Seilbahn wieder hinuntergefahren in die Wüste. Dort bin ich dann geblieben.

39. Brief

Im alten Krater:
Das kleine Hotel · Der alte Krater · Der Teide
Die Farben der Wüste · Morgenstille – Mittagshitze –
Abendschatten · Die Sterne · Zurück aus einem andern Land

Als wir weiterfahren wollten, zeigte mir mein Fahrer ein kleines Hotel am Fuß des Vulkans, und als ich das sah, hab ich dem Fahrer gesagt, wir wollten jetzt sofort und auf der Stelle umkehren, zurück ins Hotel in Puerto de la Cruz. Dort hab ich ein paar Sachen eingepackt, hab gesagt, jetzt müssten wir sofort und auf der Stelle wieder auf den Berg, zum Hotel dort oben in der Wüste – und da hab ich mir ein Zimmer genommen. Denn ich wollte das alles nicht bloß am Tag sehen, sondern auch, wenn die Sonne aufgeht, wenn sie untergeht, wenn Dämmerung ist und Nacht. Ich wollte alle Geräusche hören und die Einsamkeit merken in der Wüste, wenn die Leute darauf verschwunden wären in ihre Häuser und Hotels unten auf der Insel.

Der Fuß des Vulkans steht auf dem Boden des alten Kraters. Die Wände des alten Kraters stehen zweihundert oder dreihundert Meter hoch steil und unzugänglich in einem großen Bogen von Osten über Süden nach Westen um den alten Krater herum, der früher einmal eine Ebene gewesen sein könnte. Im Osten und im Westen sind Teile der Kraterwand kaputtgegangen. Den ganzen Norden verstellt mit seinen gewaltigen Flanken der Vulkan Teide. Der alte Krater misst jetzt von Norden nach Süden ungefähr zwei Kilometer, von Osten nach Westen acht oder zehn.

Als der Vulkan ausgebrochen ist, der diesen ungeheuren Krater hatte, muss – könnte man sich denken – beinah die ganze Insel zerstört und fast untergegangen sein. Wahrscheinlich ist es aber im Gegenteil so gewesen, dass die ganze Insel erst entstanden ist, als dieser große Vulkan mit furchtbarem Donnergetöse und Rauch und Feuer aus dem brodelnden und kochenden Meer aufgetaucht ist.

Als er sich dann ein bisschen beruhigt hatte, war dieser Krater da. Wahrscheinlich ist der Vulkan Teide dann erst später entstanden, auch wieder mit schrecklichem Lärm. Der Teide jedenfalls, als er dann da war, hat in einigen Ausbrüchen, die schon die Menschen miterlebt haben, Lava in den alten Krater hineinlaufen lassen und Steine und Staub hineingeschmissen, sodass die alte Kraterebene aufgefüllt worden ist, und zwar in der Nähe des Vulkans höher als an der gegenüberliegenden Kraterwand des alten Vulkans. Dort sind manche Teile sogar noch topfeben, weil die Lava kurz davor erkaltet und zum Stehen gekommen ist.

In der Mitte des alten Kraters, dicht beim Hotel, zieht sich vom Teide nach Süden eine Kette hoher und sonderbar geformter Felsen, vielleicht fünfzig Meter hoch, die wohl zum alten Krater gehören. Denn im Osten ist die meiste Lava des Teide an ihnen entlanggeflossen, und wenn man jetzt auf der Lavaebene zu den Felsen geht, dann fällt das Land an der Westseite der Felsen plötzlich noch einmal dreißig Meter steil ab. Rechts sieht man, wie die braune Lava vom Teide heruntergekommen ist, dann wird sie flacher und flacher, teilt sich in einzelne Arme, dann liegen wie Finger einer Hand noch die Enden des Lavaflusses im weißen Sand einer flachen weiten Wüste bis hin an den alten Kraterrand. Das braune und rostrote Lavageröll zwischen dieser weißen Wüste und dem Teide reicht weit nach Westen. Dahinter ist eine etwas höhere Ebene mit violetter Lava. Dann steht da der dreifach gezackte westlichste Teil der alten Kraterwand, zum Süden hin mit einem tiefroten Gipfel.

Wenn die Sonne im Osten morgens am Himmel emporgekrochen ist, sodass sie durch die Kraterwandlücke in den Krater hineinscheinen kann, werfen die sonderbar geformten

Felsen ihre Schatten weit über das braune Lavaland und die weiße Wüste. Es ist dann vollkommen still im Krater über der Welt, nur ein paar Insekten summen und sonst hört man nichts als den Flügelschlag der Schwalben und das leise Schwirren ihres Flugs.

Es ist dann noch ein wenig kühl da oben. Aber dann entfaltet die Sonne ihre ganze Kraft über dem alten Krater und fast niemals stört sie eine Wolke hier oben. Tag für Tag ist der Himmel blau, es regnet fast nie. An vielen Stellen des Kraters haben sich Pflanzen angesiedelt, die wohl vom Tau leben; sie sind hell- oder dunkelgrün, sind hart, haben ganz schmale Blätter, schöne sternförmige Blüten und breiten sich flach gewölbt oder halbkuglig rund über den Steinboden aus. Unter ihnen wohnen Eidechsen.

Bei den Felsen gibt es sogar kleine Bäume, unter denen Holztische stehen mit Stühlen. Da machen die Leute dann ein Picknick und die Kinder spielen. Mittags ist es wirklich heiß, auch wenn ein kleiner Wind weht. Um fünf bringt die Seilbahn die letzten Leute vom Teide herab. Um sechs fahren die letzten Busse aus dem Krater wieder ab nach unten. Um sieben ist es ganz still im Krater. Die Sonne geht langsam nach Westen, die Schatten der Felsen werden wieder lang, nur nach Osten jetzt, und die alten Kraterwände werden glührot.

Wenn die Sonne ganz tief steht und der Vulkan schon dunkel geworden ist, bis auf die Spitze, die noch in der Sonne ist, geht der Schatten eines kleinen spitzen Hügels im Krater so rasch den schrägen unteren Teil der Kraterwand hinauf, dass man ihn ein Pflanzenrund nach dem andern langsam verschlingen sieht – und so kann man die Zeit gehen sehen.

Dann kommt die Dämmerung, es wird kühl und dunkel. Aber noch lange nach zehn Uhr bleibt es im Westen ein Stückchen heller als am Himmel über den andern Kraterseiten. Wenn es ganz dunkel ist, ist über dem Krater der ganze Himmel voll von unglaublich vielen leuchtenden großen und kleinen Sternen, und dazwischen sieht man Sternhaufen unendlich hoch im Himmel wie leuchtende Wolken.

Das war ein schönes Leben. Ich war der einzige Gast im Hotel und hab mich verwöhnen lassen mit Essen und Trinken. Ich hab herrlich geschlafen in der stillen Welt des uralten Kraters, hab dann am Morgen noch einmal ganz lange allein an den Felsen die Schwalben ihre Flügel schlagen hören und mir alles angeguckt, damit ich nichts vergesse, und dann bin ich wieder hinuntergefahren ans Ufer des Wolkenmeers in der Luft, durchs Wolkenmeer hindurch zum Wassermeer hinab, unter die Wolken, durch die schöne alte Stadt La Orotave hindurch, an den ummauerten Bananenwäldern entlang in mein Hotel, wo ich mir vorkam wie einer, der aus einem ganz andern, einem ganz fremden Land kommt und dort eine ganz neue Schönheit entdeckt hat.

40. Brief

In der Wüste:
Von Teneriffa nach Fuerteventura · Das Hotel an der Wüste
Leeres Land · Das Haus mit den Balkonen
Der Wind über dem Tal · Die alte Hauptstadt
Der schattige Hof im Haus · Das Haus meiner Freunde
Wilde Fahrt · Zwei Türme

Weil vom hohen Vulkan aus die andern Inseln gar nicht
so weit weg zu sein schienen und weil ich noch Lust auf
andre Inseln hatte, bin ich am nächsten Morgen zum Flugplatz gefahren und nach Fuerteventura geflogen. Es fahren
auch Schiffchen zwischen den Inseln hin und her, das ist
wahr; aber wenn man gerade so weit über dem Meer war und
die unbekannten und verlockenden Inseln da tief unten und
so nah hat schwimmen sehn, dann denkt man sich, dass es
doch ganz natürlich ist und sehr hübsch wäre, bloß einen einzigen Hopser zu tun und schon da zu sein. Und tatsächlich
fliegen auch, über den Schiffchen, kleine Propellerflugzeuge
zwischen den Inseln hin und her, und für die ist es wirklich
nicht viel mehr als ein Hopser von Insel zu Insel.

Die Insel Fuerteventura, wenn man drüber hinwegfliegt,
um auf der andern Seite zu landen, sieht braun und gelb aus
wie die Wüste. Und sie ist eine Wüste. Mein Hotel, zwischen
dem kleinen Flugplatz und dem Städtchen Puerto del Rosa-
rio, war wie eine Festung gebaut, aber nicht gegen Feinde,
sondern gegen die Wüste: Eine weiße Mauer schützte es gegen den Wind und den Sand, breite Dächer gaben viel Schatten und die Fenster lagen zum Meer hinaus. Nichts war zu
hören als das leise Donnern des Meeres. Aber als ich auf den
Turm stieg über dem Dach des Hotels, sauste da oben ein gewaltiger Wind.

Früh am nächsten Morgen bin ich dann mit einem Auto in den Norden der Insel gefahren, durch kahle baum- und haus- und menschenleere Gegenden, an Hügeln und großen Sanddünen entlang. Nach langer Zeit, hinter Bergen, in einem weiten Tal, kam ein Dörfchen. Ganz außerhalb des Dörfchens stand da noch ein Haus, ein großes Haus, fast ein Schloss, aber ein altes, verwittertes, halb verfallenes Schloss. Beim Näherkommen sah man Mauerreste von andern Gebäuden ringsherum und sehr viel mehr als eine Ruine war dann auch das große Haus nicht mehr.

Aber früher einmal muss es sehr schön gewesen sein. Die Türen und Fenster, das sieht man noch, müssen von schön geschnitzten und bemalten Holzbalken umrahmt gewesen sein, und von sechs prächtigen Balkonen, auf denen es sich einmal in alten Zeiten sehr herrschaftlich gestanden haben muss mit weitem Blick über das Land, sind fünf noch zu sehen. Aber die Türen sind vernagelt. Die Fenster mit Brettern zugemacht. Das Dach ist kaputt. Die Seitenwände des großen Hauses sind nur noch halb da.

Aber leer ist das Haus trotzdem nicht. Über die verfallenen Wände ragen kleinere Dächer, man sieht Treppchen, als hätten in einem Riesenhaus sich kleinere Wesen ein Städtchen gebaut, hinter Mauern hört man Kinder spielen, Hunde bellen, Hühner gackern. Zu sehen war an diesem Tag aber niemand.

Lange vor den Leuten, die man hinter den zerfallenen Mauern hörte, und lange vor denen noch einmal, die auf den Balkonen gestanden haben mögen, als das große Haus noch neu war, vor der Zeit, als die Spanier auf diese Insel kamen, haben auch hier auf Fuerteventura die Menschen gewohnt, die man jetzt Guanchen nennt. Sehr viel weiß man nicht mehr von ihnen, ein paar Ruinen gibt es noch. Ihre Hauptstadt war dort, wo jetzt das Dörfchen Betancuria liegt.

Auf dem Weg dorthin, im Innern der Insel, lag vor uns plötzlich ein gewaltiges Tal, ein Tal, wie ich es noch nie gesehen hatte.

Wir standen oben auf der einen Seite ein paar hundert Meter hoch, ganz weit drüben waren wieder Berge – und nun ging es eine fast schnurgerade Straße hinab, aber ganz sanft, dafür weiter und immer weiter, wie man manchmal gleitet, wenn man träumt. Unten im Tal, auf der weiten Fläche, standen vereinzelt ein paar Palmen, dazwischen ab und zu Häuser, und dann ging es ebenso sanft wieder hinauf, ganz weit hinauf.

Oben bin ich ausgestiegen. Ein ungeheurer Wind wehte durch das Tal; nicht ein Sturm eigentlich, bloß ein mächtiger, unablässiger Wind, wie aus unermesslichen Weiten, den seit Ewigkeiten nichts gehindert hat, so zu wehen, so ein Wind, den nichts zu kümmern scheint. Der wehte durch dieses Tal hindurch und über dieses Tal weg und um mich herum und über mich weg, und dicht über mir fegten mit dem Wind über das Tal kleine Wolken hin, weiße und graue Wolken, jede einzeln für sich, Windvölker über dieser leeren Welt. Wenn die Guanchen dieses Land geliebt haben, dachte ich, dieses Tal, diese Berge, diesen Wind, dann hätte ich ihr Freund sein wollen.

Dann sind wir hinter dem großen Tal hinab in ein kleines Tal gefahren, in ein schmales Tal zwischen hohen Bergen, ein windgeschütztes sonniges Tal: Dort liegt Betancuria. Es war sehr warm und ganz still, am Straßenrand lag ein braungelbes Kamel, am Hang in der Sonne stand eine Kirche, Häuser mit kleinen Gärten drängten sich aneinander.

Wir waren schon ein bisschen müde und durstig, aber es rührte sich gar nichts, nichts sah danach aus, als könnte man sich ein bisschen ausruhen und etwas trinken. Aber dann machte mein Fahrer in einer weißen Mauer an der Straße ein kleines Tor auf. Mit einem Mal waren wir im Schatten, obwohl wir noch im Freien waren. Da war ein kleiner überdachter Platz mit Bäumchen und Sträuchern, aber zugleich war das wie drinnen in einem Haus, als ob es da gar keinen Unterschied gäbe, mit einem Tisch, mit Stühlen, mit einem

Schrank, und ein älterer Mann, der ziemlich verwittert aussah und schwer humpelte, gab uns heißen, süßen Kaffee und kühles Wasser und schwatzte mit uns, als ob das alles die klarste und selbstverständlichste Sache von der Welt wäre.

Nachher gab er uns einen großen schweren Schlüssel mit für ein Gittertor am Rand der Straße vorn im Dorf. Da sind wir ein Stückchen hinabgegangen über ein trocknes Bachbett und da stand dann ein Haus. Oder eigentlich eine Ruine, aber aus weiß gestrichenen Mauern, bloß ohne ein Dach, ein Stück Haus sozusagen, mit ungehinderter Sonne darin. Ein leeres Haus, das ist wohl wahr, aber es sah doch wieder nicht verlassen aus, es war sehr schön in dem Haus. Um das Haus herum war es grün von niederen Bäumen mit hunderten von unsichtbaren Vögeln. Das Haus muss einmal eine große Halle gewesen sein, die Leute sagen, die alten Einwohner hätten darin ihre Ratsversammlung abgehalten und womöglich auch gebetet. An der einen Wand der Halle ist eine kleine Nische, da lagen ganz still und ruhig und ausgebleicht ein paar Knochen, vielleicht die Überbleibsel von einigen Leuten, die meine Freunde gewesen wären.

So war das an diesem Tag in Betancuria, und wir haben den Schlüssel wieder abgegeben, sind das Tal weiter entlanggefahren, an unzähligen kleinen Windrädern vorbei, die ein bisschen Wasser aus der Erde holen für Mais und die Palmen und zum Trinken. Dann ging es wieder auf Höhen hinauf und lange Zeit durch ein Wüstenbergland hindurch, dass einem schwindelte, wenn man hinabsah, dass einem schwindelte, wenn man hinübersah auf die andern Höhen, dass man hinauf- und hinab- und an Hängen entlangfuhr wie nicht mal in Träumen, oder doch wie in Träumen, ich weiß auch nicht, und dann lag da ein riesiges flaches Land, und dahinter das Meer.

Eine große Mühle stand noch am Weg, weiß, mit riesigen Flügeln, früher soll es sehr viele davon gegeben haben. Diese eine haben sie wieder hergerichtet, nebenan kann man essen.

Und später, auf einer Ebene über dem Meer, standen wir auf dem ganz flachen Rest eines runden alten Turms und sahen über das Wasser und dachten, wie viel weiter man noch über das Wasser gesehen haben musste, als ganz früher der Turm noch stand da oben. Und als wir wieder am Wasser unten waren, stand auch da noch ein Turm, wenn auch ein nicht ganz so alter, die Sonne war, als wir an diesem Turm standen, auf der andern Seite der Insel fast schon untergegangen. Und dann hab ich mich zurückfahren lassen in die kleine Festung zwischen dem Meer und der Wüste und habe Wein getrunken und ganz lange tief geschlafen.

41. Brief

Über dem Feuer:
Die Insel da drüben · Das lange Feuer von Lanzarote
Alte und neue Erde · Süßer Wein aus schwarzem Sand
Späße mit dem Feuer · Die Sperre im alten Gebirge
Wer diesen Ort findet · Noch ein Glas Wein
Ade!

Einen Hopser wollte ich dann noch tun, einen ganz kleinen nur, denn die Insel Lanzarote, auf die ich noch
wollte, liegt so sehr in der Nähe der Insel Fuerteventura, dass
man auf der Insel Fuerteventura nicht einmal auf einen Berg
steigen muss, um die Insel Lanzarote zu sehen – man muss nur
an den Strand gehen und weit gucken: Dann sieht man sie.

Man sieht aber nur, dass da drüben noch einmal Land ist,
und auf dem Land, wenn man sich Mühe gibt, sieht man
noch ein paar Hügel – mehr sieht man nicht von Lanzarote,
wenn man am Strand auf Fuerteventura steht.

Das war nicht immer so und das muss auch nicht für immer
so bleiben. Vor gar nicht allzu langer Zeit ist auf dieser Insel
nämlich ein Vulkan ausgebrochen, kein sehr hoher, eigentlich
nur ein Hügel unter andern Hügeln; der aber hat es wirklich
in sich gehabt: Über zehn Jahre lang hat er in Flammen gestanden, unendliche Mengen glühender Lava haben sich über
die Insel ergossen und der Rauch hat den ganzen Himmel
finster gemacht.

Wenn man auf der Insel Lanzarote ist und von den Feuer-
hügeln noch gar nichts sieht, sieht man überall schon die Spuren von damals. Wenn man sich von der Küste entfernt, wird
die Erde schwarz und rotbraun, sie ist bröcklig, steinig, san-
dig, irgendwie ganz fremdartig und gar nicht wie Erde sonst
– und das ist ja auch wirklich so. Was wir sonst Erde nennen,

ist hier zugedeckt von dem, was damals brennend heiß aus der Erde herausgekommen ist, was dann ganz allmählich abgekühlt ist und nun erst ganz langsam wieder zu dem wird, was wir so Erde nennen.

Unsere Augen haben sich noch nicht an diese neue Erde gewöhnt. Aber es ist Erde. Wenn man genauer hinsieht, sieht man überall Kuhlen im schwarzen Sand, nicht bloß an ebenen Stellen, sondern auch die Hänge hinauf. Die Kuhlen sind von Steinmäuerchen umgeben. Diese Mäuerchen verwundern einen zuerst ein bisschen, nicht bloß, weil sie überhaupt da sind, sondern vor allem, weil sie die Kuhle nur nach einer Seite hin schützen – und zwar, das lernt man dann, gegen den Wind, und der bläst hier immer nur aus einer Richtung. Wären die Mauern nicht, so würde der Wind die Kuhlen zuwehen mit dem schwarzen Sand. In den Kuhlen aber, das ist das Geheimnis, wächst Wein, der nun doppelt geschützt ist: in der Kuhle gegen den Wind und durch die Mauer gegen den Sand. Nur die heiße Sonne kommt jetzt an ihn heran und in der Nacht der Tau; denn die Wolken, wenn welche da sind, lügen: Hier regnet es nicht, der Tau ist das Wasser für den Wein.

Die zu Erde gewordene Lava aus der Tiefe der Erde, schwarz, wie sie ist, scheint ein guter Boden zu sein für die grünen Weinstöcke; der Tau scheint zu reichen zum Gedeihen und dazu dann von oben die unwiderstehliche Sonne. – Nachher, auf dem alten Feuerberg, haben wir von diesem Wein getrunken, er ist süß und schwer wie sonst nirgendwo auf der Welt.

Allmählich wird die Gegend immer wilder. Die Straße steigt in die Berge, in denen dann nichts mehr wächst. Da sieht es jetzt nicht mehr aus wie auf der Welt, die wir alle kennen. Wenn die Welt sonst ein Kuchen ist, schön abgekühlt, den man ohne viel Mühe essen kann, dann ist dieser Kuchen hier gerade eben erst aus dem Ofen gekommen. Er ist noch heiß: Wenn man ein kleines Loch gräbt und Papier hineinwirft, brennt das Papier sofort los. Wenn man ein größeres Loch gräbt und einen Rost darüber legt, kann man einen Ochsen drauf braten. Wenn man Wasser in einen kleinen Felsspalt gießt, schießt nach zwei Augenblicken weißer Dampf in den Himmel. Die Wärter, die hier stehen und auf alles aufpassen, geben jedem, der neu kommt, mit freundlicher Miene ein paar Steinchen in die Hand, zum Andenken, sagen sie – und dann lachen sie los, wenn jeder die Steinchen gleich wieder fallen lässt vor lauter Schreck; denn die Steinchen sind heiß.

Auf die Spitze des alten Feuerbergs haben sie übrigens ein Haus gebaut, da kann man sitzen, etwas essen und den Wein trinken und rausschauen. Natürlich kann es sehr gut sein, dass eines schönen Tages das ganze Ding in die Luft fliegt oder verbrennt. Jeder hofft natürlich, dass das erst passiert, wenn er wieder weg ist und möglichst in der Nacht. Wissen kann das aber keiner.

Wir sind dann bald weitergefahren, nach Norden, wieder hinein in die alte Welt, in die alten Berge, in die alten Felsen, in die alte Wüste. Das war eine lange Fahrt durch ein leeres Land, ein trockenes, unwirtliches Land. Dann wand sich die Straße in die Höhe, immer steiler, immer weiter und weiter in die Berge hinauf, die wie eine Sperre vor uns standen. Plötzlich, ganz oben, öffnete sich die Sperre, man sah weit hinab. Und hinten in der Ferne, unten am Grund dieser Steinwelt, standen da leuchtend grün und schön mit einem Mal Palmen, große Schatten gebende Palmen, ein Tal voller Palmen, mit weißen und gelben Häusern dazwischen.

So schöne Palmen hab ich noch nie gesehen. Kein Ort ist mir im Leben so verlockend vorgekommen zum Hinfahren und Dableiben für lange Zeit. Wir sind dann hinabgefahren, es war schön da unten. Den Namen dieses Ortes verrate ich nicht. Wer aber einmal so aus Bergen herabkommt zu Palmen und Häusern und dann ahnt, was das Leben ist und das Glück, der hat diesen Ort gefunden.

Ich bin weitergefahren, noch einmal auf eine Höhe hinauf, da lag das Meer unten, mit Booten drauf, ein Stückchen weiter eine kleine Insel. Da bin ich dann nicht weitergefahren, sondern habe geschaut und geschaut und noch einmal von dem süßen roten Wein getrunken.

Ja, und dann hab ich mich ins Hotel zurückfahren lassen, dann auf den Flugplatz, hab den Hopser wieder zurückgetan auf die Insel Teneriffa, bin da in ein großes Flugzeug gestiegen und dann wieder zurückgeflogen ins alte Europa, dorthin, von wo ich drei Monate vorher aufgebrochen war zu der großen Reise.

Und wer das nun alles gehört und gelesen hat, dem sag ich noch eins, im Vertrauen, wenn er fragt und vielleicht neugierig geworden ist auf die Welt: Ja, es ist wahr, ich hab das alles gesehen, ich war ganz nah an den Dingen – aber das Herz der Dinge schlägt in den Sätzen, in denen man sie beschreibt.

INHALT

Rolf Vollmann, 1934 in Ostpommern geboren und in Tübingen aufgewachsen, studierte Philosophie und arbeitet als Schriftsteller und
Kritiker. Er schrieb Bücher über Jean Paul und Friedrich Nietzsche,
über die Werke Shakespeares (der tolle Titel ist »Shakespeares Ar-
che. Ein Alphabet von Mord und Schönheit«) und gleich zwei über
die Romane, die er für die wichtigsten und schönsten hält, die je
geschrieben wurden (»Die wunderbaren Falschmünzer. Ein Ro-
man-Verführer« und »Der Roman-Navigator. Zweihundert Lieb-
lingsromane von der ›Blechtrommel‹ bis ›Tristram Shandy‹«). Rolf
Vollmann liest selbst gern und viel. »Reise um die Welt« erschien
zuerst 1981 bei Beltz & Gelberg und ist sein erstes und bisher einziges Kinderbuch.

Bei Hanser ist außerdem erschienen:

Jostein Gaarder
Maya oder Das Wunder des Lebens
432 Seiten
ISBN 3-446-19898-9

Auf dem Rückflug von einer Forschungsreise legt der Biologe Frank Andersen einen Zwischenstopp auf der Fidschi-Insel Teveuni ein. Dort lernt er José und Ana kennen, ein spanisches Paar. Er ist sich sicher, Ana schon einmal begegnet zu sein. Aber wo? Als er Wochen später im Prado vor Goyas »Maya« steht, sieht er, dass Anas Gesicht mit dem der Maya identisch ist. Von José erfährt er eine mystische Familienlegende ...
Spielerisch entfaltet Gaarder eine Auseinandersetzung über die verschiedenen Weltdeutungen: die naturwissenschaftliche, die philosophische, die ökologische und die magische.

Gewitzt und fachmännisch führt Gaarder den Leser in ein Lebenslabyrinth, das zunehmend phantastisch erscheint. Der SPIEGEL

Sein neuer Roman, Maya oder Das Wunder des Lebens, *ist ein literarischer Salto mortale ins Universum, ein Buch über die Evolution.* FOCUS

Bei Hanser ist außerdem erschienen:

Hans Magnus Enzensberger
Wo warst du, Robert?

280 Seiten
ISBN 3-446-19447-9

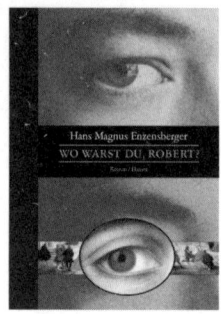

Als sich Robert eines Abends beim Fernsehen die Augen reibt, landet er mitten in der Szene, die auf dem Bildschirm zu sehen ist: Es ist Winter, ein Aufstand wird gerade gewaltsam niedergeschlagen und Robert flüchtet in eine Apotheke. Dort trifft er Olga, die ihn aufnimmt, und er erfährt, wohin es ihn verschlagen hat: nach Nowosibirsk ins Jahr 1956. Für Robert beginnt eine Zeitreise immer weiter zurück bis ins Jahr 1621. Sie führt ihn quer durch Europa und bis nach Australien, in die Zeit des aufkeimenden Nationalsozialismus, in den Dreißigjährigen Krieg und zu vielen anderen historischen Epochen und Schauplätzen. Ein außergewöhnliches Abenteuer, in dem Robert viel mehr erfährt, als die leblosen Daten aus den Geschichtsbüchern vermitteln können.

Hans Magnus Enzensberger präsentiert Geschichte als Abenteuerreise, lehrreich und packend erzählt. FOCUS

Es ist kein Geschichtsbuch, sondern ein spannender Roman auf sprachlich hohem Niveau, der auch ein wenig über unsere heutige Zeit verrät. Enzensberger, der schon mit dem »Zahlenteufel« das Jugendbuch wieder für sich entdeckt hat, hat mit seinem neuen Roman bewiesen, dass dies eine gute Entscheidung war. Der Tagesspiegel/Handelsblatt

David Grossman
Wohin du mich führst

440 Seiten
ISBN 3-446-20021-5

So aufregend hatte sich der 16-jährige Assaf seinen Ferienjob nicht vorgestellt: An der Leine eines herrenlosen Hundes jagt er durch die Straßen Jerusalems. Er soll das Mädchen finden, dem das Tier entlaufen ist. Der Hund führt den schüchternen Jungen an fremde Orte und zu Personen, die ihm nach und nach ihre Geschichte über Tamar, die Hundebesitzerin, erzählen. Doch mit jeder Hürde, die Assaf nehmen muss, wachsen auch sein Mut und seine Kraft, Tamars Spur zu folgen. So gelangt er nicht nur näher zu ihr, sondern auch zu sich selbst.

Grossman erzählt ein Märchen von der Suche nach Glück und Identität in einer brüchig werdenden Welt.　　　　　Süddeutsche Zeitung

David Grossman, der das Buch seinen drei Kindern widmete, hat aufs Neue eine Geschichte für große Kinder und Erwachsene zugleich geschrieben, eine Art Gebrauchsanleitung für den Umgang mit Menschen, die einem nahe stehen.　　　　　DIE ZEIT

Rafik Schami
Die Sehnsucht der Schwalbe

344 Seiten
ISBN 3-446-19899-7

Was interessiert Lutfi noch diese syrische Dorfhochzeit, auf der er niemanden kennt? Eigentlich ist er doch schon auf dem Sprung nach Deutschland. Die ganze Zeit fragt er sich, ob es diesmal klappt und er in Frankfurt bleiben kann. Zehnmal ist er mit falschen Papieren eingereist, zehnmal hat ihn die Polizei erwischt und nach Damaskus abgeschoben. Um sich die Zeit auf der Hochzeit zu verkürzen, schließt Lutfi Freundschaft mit dem Bruder der Braut und erzählt ihm seine Geschichte.

Wenn Rafik Schami erzählt, dann erklingt eine Stimme aus einem fremden Land und einer anderen Zeit. Süddeutsche Zeitung

Und wie er erzählt! Leichtfüßig, humorvoll und mit pointierter Dramaturgie durchzieht er in großen Bögen und kleinen Kapriolen die Vergangenheit und bringt manch seltsames Geschick zu Gehör... Frankfurter Allgemeine Zeitung